Dominique Behlau

# Spanien und der Jacobuskult

Untersuchungen zur Stiftung einer
kulturellen Identität über den Jakobsweg

Diplomica Verlag GmbH

**Behlau, Dominique: Spanien und der Jacobuskult:Untersuchungen zur Stiftung einer kulturellen Identität über den Jakobsweg.** Hamburg, Diplomica Verlag GmbH 2013

Buch-ISBN: 978-3-8428-8283-6
PDF-eBook-ISBN: 978-3-8428-3283-1
Druck/Herstellung: Diplomica® Verlag GmbH, Hamburg, 2013

**Bibliografische Information der Deutschen Nationalbibliothek:**
Die Deutsche Nationalbibliothek verzeichnet diese Publikation in der Deutschen Nationalbibliografie; detaillierte bibliografische Daten sind im Internet über http://dnb.d-nb.de abrufbar.

---

Das Werk einschließlich aller seiner Teile ist urheberrechtlich geschützt. Jede Verwertung außerhalb der Grenzen des Urheberrechtsgesetzes ist ohne Zustimmung des Verlages unzulässig und strafbar. Dies gilt insbesondere für Vervielfältigungen, Übersetzungen, Mikroverfilmungen und die Einspeicherung und Bearbeitung in elektronischen Systemen.

Die Wiedergabe von Gebrauchsnamen, Handelsnamen, Warenbezeichnungen usw. in diesem Werk berechtigt auch ohne besondere Kennzeichnung nicht zu der Annahme, dass solche Namen im Sinne der Warenzeichen- und Markenschutz-Gesetzgebung als frei zu betrachten wären und daher von jedermann benutzt werden dürften.

Die Informationen in diesem Werk wurden mit Sorgfalt erarbeitet. Dennoch können Fehler nicht vollständig ausgeschlossen werden und die Diplomica Verlag GmbH, die Autoren oder Übersetzer übernehmen keine juristische Verantwortung oder irgendeine Haftung für evtl. verbliebene fehlerhafte Angaben und deren Folgen.

Alle Rechte vorbehalten

© Diplomica Verlag GmbH
Hermannstal 119k, 22119 Hamburg
http://www.diplomica-verlag.de, Hamburg 2013
Printed in Germany

# Inhaltsverzeichnis

Einleitung ................................................................................................................. 7

**A. Die Entwicklung des Jacobuskultes und seine Funktionen in Spanien und Europa von der Geschichte bis zur Gegenwart – Ein theoretischer Abriss** ............................. 9

**1.0 Die Ursprünge des Jacobuskultes** ............................................................... 9
    1.1 Jacobus in der Bibel ........................................................................................ 9
    1.2 Die Jacobuslegende ...................................................................................... 10

**2.0 Die Ausbreitung des Jacobuskultes in Europa durch das *Liber Sancti Jacobi* und die *Legenda Aurea*** ................................................................................................ 11
    2.1 Das Jakobsbuch (*Liber Sancti Jacobi*) – der erste Pilgerführer ..................... 11
    2.2 Das 13. Jahrhundert und die *Legenda Aurea* ............................................... 13
        2.2.1 Die ikonographische Darstellung des Hl. Jacobus als Pilger im 13. Jahrhundert ......... 14
    2.3 Zusammenfassung ........................................................................................ 15

**3.0 Der Ausbau des Hl. Jacobus zu einem Politischen Heiligen: Politische Instrumentalisierung des Jacobuskultes in der Reconquista und im Franco-Regime** ............ 17
    3.1 Die politische Funktion des Hl. Jacobus in der Reconquista (711-1492) ..... 17
    3.2 Die Bedeutung Compostelas für die Kirchenpolitik Diego Gelmírez ........... 21
    3.3 Zwischen Sinnsuche und Kommerz - Das Geschäft der Katholischen Kirche mit dem Jacobuskult .................................................................................................... 23
        3.3.1 Die Votos de Santiago ........................................................................... 23
        3.3.2 Die Patronatsstellung des Hl. Jacobus im 17. Jahrhundert .................... 24
    3.4 Die Funktion des Hl. Jacobus und des Jakobsweges im Franco-Regime (1939-75) ..... 25

**4.0 Postfranquistische Versuche der Integration Spaniens in Europa** ............ 29
    4.1 Der Jakobsweg als erste Europäische Kulturstraße und UNESCO-Weltkulturerbe ..... 29
    4.2 Gegenwärtige Tendenzen einer Kommerzialisierung und Säkularisierung des Jakobsweges ..... 30
    4.3 Touristische Vermaktungsstrategien des Jakobsweges am Beispiel des *Xacobeo* ..... 31
        4.3.1 Der Plan Xacobeo .................................................................................. 32
    4.4 Überlegungen zum Jakobsweg als kulturtouristisches Produkt .................... 33

**B. Analyse der Selbstdarstellung Spaniens am Beispiel der Berichterstattung über den *Xacobeo* 2010 in *El País* und *El Mundo*** .................................................... 35

**1.0 Zielsetzung** .................................................................................................. 35

**2.0 Besonderheiten der spanischen Printmedien** ........................................... 37

**3.0 El País** ........................................................................................................................... **39**
    3.1 PRISA ........................................................................................................................ 39
    3.2 Allgemeine Aspekte der Berichterstattung in *El País* ............................................. 40
    3.3 Der Jakobsweg als Element der spanischen Tradition ............................................... 40
    3.4 Fortschreitende Kommerzialisierungstendenzen ....................................................... 42
    3.5 Der Jakobsweg als europäisches Kulturgut ................................................................ 43
    3.6 Die religiöse Bedeutung des *Xacobeo* in Europa ...................................................... 44
    3.7 Zusammenfassung: Das Spanienbild in *El País* ........................................................ 46

**4.0 El Mundo** ....................................................................................................................... **48**
    4.1 Unidad Editorial .......................................................................................................... 48
    4.2 Allgemeine Aspekte der Berichterstattung in *El Mundo* ........................................... 49
    4.3 Spanien und der *Xacobeo* im Fokus Europas ............................................................. 49
    4.4 Der *Xacobeo* – eine galicische oder spanische Angelegenheit? ................................ 52
    4.5 Campaña de sensibilación .......................................................................................... 54
    4.6 Der Jakobsweg - Un lu*gar de Encuentro* .................................................................. 55
    4.7 Verlust der religiösen Wurzeln in Spanien ................................................................. 56
    4.8 Zusammenfassung: Das Spanienbid in *El Mundo* ..................................................... 58

**C. Ergebnisse / Kritik** ........................................................................................................ **60**

**1.0 Die Selbstdarstellung Spaniens über den Jakobsweg im Vergleich** ...................... **60**
    1.1 Parallelen zwischen den historischen Funktionen des Jacobuskultes und der aktuellen
    Selbstdarstellung Spaniens .............................................................................................. 60
    1.2 Der Hl. Jacobus als Patron Spaniens ........................................................................... 61

**2.0 Der Jakobsweg als Versuch der Stiftung einer europäischen Identität** ................ **63**

**Abschließende Betrachtung** ............................................................................................... **67**

**Literaturverzeichnis** ........................................................................................................... **70**

# Einleitung

In der Online-Ausgabe der Süddeutschen Zeitung aus dem Jahr 2007 beschäftigte den Autor eines Artikels die Frage: „Hat Hape Kerkeling den Jakobsweg ruiniert?"[1] Es geht um das Unverständnis, welches der spanische Gemischtwarenhändler Javier den deutschen Pilgern entgegenbringt. Javiers Geschäft liegt in der Stadt Santo Domingo de la Calzada, welche tagtägich von Jakobspilgern auf ihrem Weg nach Santiago de Compostela durchquert wird. Der Händler berichtet, dass die meisten deutschen Pilger in seinem Geschäft nichts kaufen sondern lediglich die Decke anstarren würden. Schließlich klärte man ihn darüber auf, dass der Grund dafür in dem Buch „Ich bin dann mal weg" von Hape Kerkeling liegen könnte. In diesem erzählt Kerkeling nicht nur von seinen Erlebnissen auf dem Jakobsweg sondern beschreibt auch detailliert Land- und Ortschaften. So vermuten die deutschen Pilger anscheinend, dass es sich bei Javiers Laden um ein bestimmtes Geschäft handelt, welches Kerkeling in seinem Buch beschreibt. Mit 2,2 Mio. verkauften Exemplaren zählt „Ich bin dann mal weg" zu den erfolgreichsten deutschen Sachbüchern. Kurze Zeit nachdem das Buch 2007 erschien, strahlte ein deutscher TV-Sender eine Serie aus, in welcher Prominente bei ihrer 12-tägigen Pilgerfahrt auf dem Jakobsweg von Fernsehkameras begleitet wurden. Das Format ähnelte sehr dem „Big Brother"- Prinzip und gestaltete den Jakobsweg regelrecht zu einer Art Theaterkulisse um.[2] Der historische Pilgerweg, dessen Pfade zur Heiligen Grabstätte des Apostels Jacobus in die Kathedrale von Santiago de Compostela führen, scheint in Deutschland unlängst zum Schauplatz von Anekdoten und menschlichen Dramen zweckentfremdet zu werden. Innerhalb der Forschungsliteratur hat sich der *Camino de Santiago* zu einem interdisziplinären Thema entwickelt. Verschiedene Wissenschaften wie etwa die Soziologie, Ökonomie, Theologie, Kunstgeschichte, Ethnographie, Geographie, Literatur- und Musikwissenschaft oder die Politik unterziehen sowohl den *Camino* als auch den mit ihm verbundenen Kult um den Hl. Jacobus ihren jeweils eigenen Betrachtungen.

In den folgenden Ausführungen soll die Funktion des Jakobsweges als eine Art politisches und kulturelles Medium zwischen Spanien und Europa in den Blick genommen werden. Im Speziellen ist zu fragen, welche Rolle der Jakobsweg für die Selbstdarstellung und -wahrnehmung Spaniens in Europa spielt. Da der *Camino de Santiago* lediglich ein Phänomen des Europa umgreifenden Jacobuskultes darstellt, müssen auch andere Aspekte wie etwa der Heilige Apostel Jacobus, die Stadt Santiago de Compostela oder der *Xacobeo* bei der

---

[1] Reng, R. Unter: http://sz-magazin.sueddeutsche.de/texte/anzeigen/4245/
[2] Ebd.

Untersuchung berücksichtigt werden. All dies sind Elementen, welche sowohl in der Geschichte als auch in der Gegenwart Spaniens eine bedeutende Rolle spielen. Die Darstellungen konzentrieren sich zunächst auf die Entwicklungen des Jacobuskultes in Spanien und Europa, welche vornehmlich durch schriftliche Zeugnisse vorangetrieben wurde. Überdies wird auch die systematische politische Instrumentalisierung und Kommerzialisierung des Jakobsweges verfolgt, wobei sich die Betrachtungen auf die drei historischen Epochen der Reconquista, des Franco-Regimes und der postfranquistischen Epoche konzentrieren. Eine eine Analyse der gegenwärtigen Darstellung des Jacobuskultes in den spanischen Printmedien soll die Selbstdarstellung Spaniens veranschaulichen. Stichprobenartig wurden dabei die Berichterstattungen der *El País* und der *El Mundo* über den *Xacobeo* 2010 untersucht, mit dem Ziel, Parallelen zwischen den aktuellen und historischen Dimensionen des Jacobuskultes zu ziehen. Aufgezeigt werden soll, wie der Kult um den Hl. Jacobus seit den Anfängen im Mittelalter aufgrund politischer Motive sukzessiv säkularisiert und zu einem europaweiten Phänomen ausgebaut wurde. Da „[d]ie Verehrung des Hl. Jacobus und seiner vermeintlichen Grabesstätte in Santiago de Compostela seit den Anfängen im neunten Jahrhunderts niemals eine ausschließlich spanische Angelegenheit blieb, sondern [...] darüber hinaus auf die weiteren europäischen Länder [wirkte]"[3], kann man im eigentlichen Sinne nicht von einer Fremdwahrnehmung Spaniens durch Europa sprechen. Spanien bezog Europa von Anfang an in den Kult um den Hl. Jacobus ein. Insofern galt auch der Jakobsweg innerhalb der europäischen Wahrnehmung zu keiner Zeit als etwas „Fremdes" sondern es verband sich mit ihm immer auch ein Teil der europäischen Geschichte. Als solcher wird er gegenwärtig vornehmlich innerhalb der Europäischen Union dargestellt mit dem Ziel der Schaffung einer kollektiven europäischen Identität. Der Hl. Jacobus entwickelt sich vom spanischen Landespatron sukzessiv zur Identifikationsfigur Europas.

---

[3] Herbers, K.; 1991 : 8

# A. Die Entwicklung des Jacobuskultes und seine Funktionen in Spanien und Europa von der Geschichte bis zur Gegenwart – Ein theoretischer Abriss

## 1.0 Die Ursprünge des Jacobuskultes

Wo Gott, angerufen oder unangerufen, durch besondere Gnaden sich offenbarte, oder wo Christus der Herr vorzüglich weilte und wirkte, oder eine ausgezeichneter Freund Gottes lebte oder ruht, dorthin trieb die Verehrung und das Zutrauen das gläubige Volk zu inbrünstigem Gebete.[4]

Der Kult um den Apostel Jacobus entwickelte sich auf einer religiöser Grundlage, da man seinen Ursprung bereits in Bibel ausmachen kann. Die weltweite Rezeption der Bibel kann jedoch die Ausbreitung des Kultes nicht allein gefördert haben. Jeder Kult braucht Umstände, die ihn bedingen. Auch die Ausbreitung des Jacobuskultes in Europa wurde durch verschiedene Faktoren gefördert . Zur Verbreitung der jakobinischen Legenden trugen maßgeblich die biblischen Darstellungen des Apostels, das *Liber Sancti Jacobi* und die *Legenda Aurea* bei, aber auch der politischen Funktion des Hl. Jacobus zur Zeit der Reconquista, im und nach dem Franco-Regime wird eine bedeutende Rolle zugeschrieben.

## 1.1 Jacobus in der Bibel

Eine erste Erwähnung Jacobi findet sich in den neutestamentlichen Schriften bei Mt 4,18-22. Dabei wird Jacobus, Sohn des Zebedäus und der Salome, zusammen mit seinem Bruder Johannes als einer der ersten Jünger genannt, welche von Jesus berufen wurden. Auch das zweite Evangelium zählt Jacobus, neben Petrus und Johannes zum Kern des Zwölferkreises um Jesus (Mk 1,16-20). Als Zeuge der Epiphanie (Mk 9,2-10) und der Auferstehung (Mt 28) stand er Jesus am nächsten. Im Evangelium nach Lukas gehörte Jacobus zum Kreis der 70 Jünger. Diese erhielten wie auch bei den matthäischen und markinischen Zwölf durch Jesus die Macht Dämonen auszutreiben und wurden ausgesandt, um die Kranken und Besessenen zu heilen. Obwohl die Jüngerzahlen abweichen, weisen sie eine symbolische Bedeutung auf. Der Zwölferkreis repräsentiert die zwölf Stämme Israels. Der Siebzigerkreis erinnert an die 70 Völker der Welt. Die Aussendung der Jünger symbolisierte die Verbreitung des Evangeliums in der ganzen Welt. Erst nach ihrer Rückkehr wurden die Jünger als Apostel bezeichnet (Mk 6,30).

---

[4] Grün, A.; 1845 : 3

Jacobus zeigt sich wie auch die anderen Apostel als vorbildlich im Glauben und in der Nachfolge Jesu. Er verlässt seine Eltern und Alle, die er kennt, trennt sich von all seinem Besitz und folgt Jesus bedingungslos nach (Mk 1,20). Er gilt somit als Modelljünger und Vorbild für die Glaubenden. Vom weiteren Wirken des Apostels erfährt man an anderen Stellen des Neuen Testaments nichts Genaueres. Lediglich in der Apostelgeschichte findet er noch zweimal Erwähnung. Im Rahmen der Himmelfahrtsgeschichte erhält er zusammen mit den verbliebenen zehn Jüngern von Jesus den Auftrag, das Evangelium in alle Welt hinaus zu verkünden (Apg 1,9-11). Die letzte Erwähnung des Jacobus findet sich im Zusammenhang mit seinem Tod. Apg 12,1-5 berichtet von der Enthauptung des Apostels auf Befehl des Königs Herodes Agrippa I. im Jahr 44 n.Chr. Vom missionarischen Wirken des Jacobus zwischen Himmelfahrt und Tod fehlt im Neuen Testament jegliche Spur.

## 1.2 Die Jacobuslegende

Außerbiblische Informationen zur Mission und Passion des Apostels finden sich erst ab dem siebten Jahrhundert im Rahmen der Jacobuslegende. Dieser nach soll der Hl. Jacobus nach Jesu Himmelfahrt auch im heutigen Spanien gepredigt und missioniert haben. Nach seinem Tod sei sein Leichnam von den Jüngern nach El Padrón gebracht und in Compostela beigesetzt worden. Nachdem jedoch mehr und mehr Galicier zum Heidentum rekonvertierten, geriet das Grab lange Zeit in Vergessenheit.[5] Es war Karl der Große, der das Grab des Apostels im neunten Jahrhundert wiederentdeckte, nachdem er „[...] im Traum den Auftrag erhielt, das Grab wiederzuentdecken und die Sarazenen aus Spanien zu vertreiben, um den Weg zum Hl. Jacobus zu befreien."[6] Den Ursprung der Legende sieht H. Röckelein in der lateinischen Übersetzung der griechisch-byzantinischen Apostelakten aus dem siebten Jahrhundert - dem *Breviarum Apostolorum*.[7] In diesen sei erstmals die Rede von einer missionarischen Tätigkeit des Apostels auf der Iberischen Halbinsel. Die Nachricht über das apostolische Wirken breitete sich von Nordafrika über ein Jahrhundert lang nach Europa aus. In Spanien selbst wurde die Missionarstätigkeit des Apostels auf der Iberischen Halbinsel erstmals im achten Jahrhundert von Beatus von Liébana schriftlich fixiert.[8] Die Translation des Leichnams nach Compostela findet hingegen erst um 1000 n. Chr. in einer Handschrift aus St. Martial in Limoges Erwähnung.[9]

---

[5] Herbers, K.; 1995: 11
[6] Ebd.
[7] Claqué, B.; 2005 : 180
[8] Siehe im Folgenden: A Kap. 3.0
[9] Claqué, B.; 2005: 180

# 2.0 Die Ausbreitung des Jacobuskultes in Europa durch das *Liber Sancti Jacobi* und die *Legenda Aurea*

Bis ins 12. Jahrhundert hinein wurde die Jacobuslegende um die Entdeckung des Apostelgrabes durch Karl den Großen erweitert, wozu das *Liber Sancti Jacobi* maßgeblich beitrug. Mit diesem und der *Legenda Aurea* wurde der Jacobuskult ab dem 12. Jahrhundert erstmals in ein europaweites Stadium transferiert.

## 2.1 Das Jakobsbuch (*Liber Sancti Jacobi*) – der erste Pilgerführer

Das Jakobsbuch gilt als die bedeutendste Handschriftensammlung des 12. Jahrhunderts und befindet sich derzeit im Kathedralarchiv von Santiago de Compostela. In Spanien ist sie auch unter der Bezeichnung „Códice Calixtino" bekannt, da Papst Calixtus II. als Autor des Werkes angenommen wird. Heute sind sich Historiker hingegen sicher, dass es sich dabei um ein *pseudepigraphisches Schreiben*[10] handelt. Anstelle des Papstes gilt der französische Romanist Joseph Bediér als Autor und Kompilator des Werkes, welches er *Liber Sancti Jacobi* nannte.[11] K. Herbers setzt die Entstehungszeit des Jakobsbuches in der Compostelaner Fassung zwischen 1140 und 1150 an und verweist auf Frankreich als Verfassungsort.[12] Obwohl man heute um die Pseudepigraphie des Schreibens weiß, soll die päpstliche Autorenschaft im Jakobsbuch bereits auf der ersten Seite mit einer Miniatur Calixto und einem folgenden Papstbrief bezeugt werden. Dieser Brief gibt vornehmlich die Entstehungsgeschichte des Werkes wieder. Darin erläutert Calixtus, dass er bereits als Schüler den Hl. Jacobus verehrte und es sich zur Aufgabe machte, alles über den Hl. Apostel zu sammeln. Dafür begab er sich auf zahlreiche Reisen, welche von vielen Gefahren überschattet wurden. Es gelang ihm jedoch, sich stets mitsamt seinem Buch zu retten.[13] Das *Liber Sancti Jacobi* enthält insgesamt fünf Bücher, die allesamt in direkter oder indirekter Verbindung zum Apostel Jacobus und seiner Grabesstätte in Santiago stehen. Neben dem päpstlichen Schreiben umfasst das erste Buch eine Sammlung von Predigten und liturgischen Texten. Das zweite Buch stellt eine Art Mirakelsammlung dar und berichtet von diversen Wundern, welche der Apostel vollbracht haben soll. K. Herbers misst diesem Buch eine funktionale Bedeutung bei:

---

[10]  Unter einem pseudepigraphischen Schreiben versteht man ein Dokument, welches vorgeben soll von einer bekannten Persönlichkeit verfasst worden zu sein. Als ein Beispiel dafür lassen sich die Deuteropaulinen (unechte Paulusbriefe) anführen (Erkenntnisse aus dem theologischen Seminar „Bibelkunde" MLU Halle-Wittenberg; SoSe 2010)
[11]  Herbers, K.; 1995: 29
[12]  Ebd.
[13]  Ebd. 19f.

„Mit einer solchen Mirakelsammlung beabsichtigte man nicht nur, die Ehre und das Lob des Heiligen allgemein zu mehren, sondern auch zum Besuch seines Heiligtums anzuregen."[14]

Im zweiten Buch finden sich erstmals schriftliche Hinweise auf eine europaweite Ausbreitung des Jacobuskultes, denn „[i]m Prolog werden Galicien, Deutschland, Italien, Ungarn und Dazien als Fundorte für die aufgezeichneten Wunder erwähnt; aus den Geschichten selbst ergeben sich freilich Italien, Deutschland und Frankreich, insbesondere Südfrankreich als Zentren der Jacobusverehrung."[15] Das dritte Buch stellt sowohl strukturell als auch inhaltlich die Mitte der jakobinischen Sammlung dar. Es berichtet hauptsächlich von der Überführung des Leichnams nach Santiago de Compostela mit dem Ziel, die leibliche Präsenz des Apostels an diesem Ort zu beweisen.[16] Das vierte Buch ist auch unter dem Namen *„Pseudo-Turpin"* bekannt und nimmt eine Sonderstellung innerhalb des Sammelwerkes ein, da es nicht Calixtus II. sondern dem Erzbischof Turpin von Reims (748-94) zugeschrieben wird. Es beschreibt ausführlich, wie der Apostel dem fränkischen König Karl dem Großen im Traum erschienen sei und ihn aufforderte „[...] der Sternenstrasse nach Galizien, von der er zuvor schon mehrmals geträumt habe, zu folgen und die heidnischen Sarazenen in Nordspanien zu bekämpfen um so den Weg zu seinem Grab zu befreien."[17] Im Gegenzug wolle der Heilige Apostel für die zukünftigen Unternehmungen Karls göttlichen Beistand anfordern. Auf diese Vision hin begab sich der römische Kaiser unverzüglich auf den Weg nach Spanien. In der weiteren Erzählung wird von einem Wunder bei der Eroberung Pamplonas (778 n.Chr) berichtet. Nachdem die Stadt vom römischen Heer über drei Monate hin belagert wurde, konnten die Mauern Pamplonas erst auf ein Gebet Karls hin im zum Einsturz gebracht werden. Karl sah den Sieg nur aufgrund des apostolischen Beistandes errungen. Nachdem ihm sein weiterer Weg bis nach Santiago de Compostela führte, fand er das Grab des Apostels auf.[18] Der Hl. Jacobus wird in diesem Buch erstmals als geistesgegenwärtiger Schlachtenhelfer dargestellt. Dieses Bild des Apostels resultierte, wie sich noch zeigen wird, vorrangig aus der Reconquista.

Das fünfte und letzte Buch des *Liber Sancti Jacobi* stellt eine Anleitung für die Wallfahrt zum Grab des Apostels dar und wird daher auch als (*erster*) *Pilgerführer* bezeichnet.[19] Es enthält Beschreibungen von Ortschaften und Kirchen, Ratschläge und Vorschriften, wie etwa das Aufstellen eines Kreuzes in Roncesvalles. Obwohl die genauen Motive der

---
[14] Ebd. 22
[15] Ebd.
[16] Ebd.
[17] Swinarski, U.; 1991: 329
[18] Ebd. 330
[19] Herbers, K.; 1995: 23

Handschriftensammlung unklar bleiben, lässt sich vermuten, dass der Autor und Kompilator des *Liber Sancti Jacobi* das Ziel einer Neugestaltung der Jacobusliturgie verfolgte.[20] Das *Liber Sancti Jacobi* scheint aus mehreren Gründen bedeutend für die Entwicklung des Jacobuskultes zu sein: Zum einen wird in ihm erstmals in schriftlicher Form die religiös-sakrale Bedeutung des Hl. Jacobus mit einer Pilgerfahrt zum Grab des Apostels vereint. Zum Anderen ist die Entstehung des Jakobsweges und der spätere Ausbau des Streckennetzes vor Allem auf die Beschreibungen des fünften Buches zurückzuführen. Zudem ermöglichte es die volkstümliche Popularität des Jakobsbuches, dass der Kult um den Apostel im gesamten westlichen Europa verbreitet wurde. Zu einem regelrechten Pilgerboom in Europa führte neben diesem Umstand auch die von Papst Calixtus III. veranlasste Einführung des Heiligen Jakobäischen Jahres.[21] Darüber hinaus wurde die Attraktivität der Pilgerfahrt nach Santiago durch ein von Papst Alexander III. 1179 erlassenes Dekret gesteigert, wonach denjenigen Pilgern ein vollkommener Ablass gewährt wurde, welche am Jakobstag in der Compostelaner Kathedrale ankamen. Nachweislich erwähnt wird der Pilgeransturm im 12. Jahrhundert in der Bistumsgeschichte Compostelas.[22]

## 2.2 Das 13. Jahrhundert und die *Legenda Aurea*

Die im 13. Jahrhundert entstandene *Legenda Aurea* des Jacobus de Voragine berichtet ebenso wie das *Breviarium Apostolorum* von den Missionarsbemühungen des Hl. Jacobus auf der Iberischen Halbinsel. Ferner berichtet de Voragine detailliert von der Enthauptung des Apostels und einer anschließenden Translation des Leichnams nach Spanien, was für die Verbindung des Apostels mit Spanien entscheidend war:

„So sollen einige Jünger nach der Enthauptung den Leichnam des Apostels in ein Schiff gelegt haben, das auf wunderbare Weise an die Nordwestküste Galiciens gelangte."[23]

Der Leichnam des Apostels sei dabei an „[..] an einem Ort *arcis marmoris* beigesetzt worden."[24] Entgegen den Darstellung des *Liber Sancti Jacobi*, wonach das Grab von Karl dem Großen entdeckt wurde, berichtet die *Legenda Aurea* von einem Eremiten namens Pelayo, welcher im neunten Jahrhundert den Sternen folgend auf einem Feld den Begräbnisort des Apostels

---

[20] Ebd.
[21] Dieses findet immer dann statt, wenn der Jakobstag (25.7.) auf einen Sonntag fällt
[22] Herbers, K.; 1995 :19
[23] Herbers, K.; 2002: 16
[24] Ebd. 20

13

auffand. Der damalige Bischof Teodemir überbrachte die Nachricht an Papst Leo III., der daraufhin den Fund in einer Bulle der gesamten Christenheit mitteilte.[25] Auf besagtem Feld (*Campus Stellae*) gründete sich das heutige Santiago de Compostela, welches nach dem Hl. Jacobus (*Sancti Iacobi*) benannt wurde. Die Mitteilung über das aufgefundene Apostelgrab sorgte im lateinischen Westen für großes Aufsehen, sodass kurze Zeit später alle Gelehrten und Gläubigen Mitteleuropas von der sensationellen Neuigkeit erfuhren.[26] Mit der Entdeckung des Grabes lebte auch die Legende um den Heiligen neu auf, was dazu führte, dass Santiago de Compostela innerhalb Europas zunehmend in den Mittelpunkt der Aufmerksamkeit geriet. Die *Legenda Aurea* galt als das populärste religiöse Volksbuch des Mittelalters. Sie trug maßgeblich zur europäischen Ausbreitung des Jacobuskultes bei und begünstigte die Entwicklung Compostelas zum wichtigsten Pilgerzentrum der Christenheit.[27]

### 2.2.1 Die ikonographische Darstellung des Hl. Jacobus als Pilger im 13. Jahrhundert

Die Verbreitung der *Legenda Aurea* führte in Verbindung mit dem Ablass-Dekret Alexanders III. im 13. Jahrhundert zum Einsetzen einer regelrechten Pilger-Massenbewegung. Waren es zuvor vorrangig Kleriker, Könige und Gelehrte, die sich auf Wallfahrt begaben, so pilgerten nun auch Anhänger der ärmeren Schichten nach Santiago de Compostela.[28] R. Plötz hält das Bild der mittelalterlichen Pilgerfahrt wie folgt fest:

„Der Pilger beherrscht das Straßen-und Verkehrsbild im christlichen Westen, sein Patron Jacobus ist zugleich Pilger und Wegepatron." [29]

Damit bietet Plötz ein weiteres Bild des Hl. Jacobus neben seiner apostolischen Bedeutung an: Der Hl. Jacobus als Schutzpatron der Pilger, welche sich auf den Weg zu seinem Grab begeben.[30] Die Ikonographie des Apostels ein erlaubt es, eine weitere europäische Bedeutung des Apostels herauszukristallisieren. Die frühestens aus Spanien stammenden Darstellungen im sechsten Jahrhundert machten den Apostel kaum unterscheidbar von anderen Heiligen. Erst ab

---

[25] Bernecker, W.L.; 1995 : 139
[26] Herbers, K.; 2002: 21
[27] Häußling, J.M.; 2005: 23
[28] Plötz, R.; 1990: 187
[29] Ebd.
[30] Den irdischen Schutz der Pilger übernahm laut L. Schmugge die Kirche selbst, denn bereits „[i]n den Konzilskanones des 11. und 12. Jahrhunderts, in denen im Zusammenhang mit der Gottesfriedensbewegung und den Bestrebungen der Kirche, [...], auf Rechtssicherheit in ihren Gebieten beharrt wird, findet sich stets auch der Schutz der Pilger genannt." Mit dem Kirchenrecht des 12./13. Jahrhundert werden die kirchlichen Privilegien der Pilger auch europaweit anerkannt. (Vgl. dazu: Schmugge, L.; 1999: 15)

dem 12. Jahrhundert wurde Jacobus mit individuellen Attributen ausgestattet und seit dem 13. Jahrhundert ikonographisch zunehmend als Pilger dargestellt.[31] Laut R. Plötz fand im christlichen Galicien selbst „[...] eine eigenständige ikonographische Entwicklung statt, die eng mit den *traditiones hispanicae* der Landes- und Diözesangeschichte verbunden ist."[32] Die Compostelaner Kirche stützte sich auf die Legenden um die Missionarstätigkeit des Apostels auf der Iberischen Halbinsel. So entstand 1188 eine Ikonographie im Westportal der Kathedrale, die den Apostel auf dem Thron flankiert von zwei Löwen zeigt. In der linken Hand hält er einen Bischofsstab und in der rechten eine offene Schriftrolle mit dem Worten: *Misit me Dominus*.[33] In diesem ikonographischen Programm sieht Plötz die Manifestation des Anspruchs der Compostelaner Kirche auf einen apostolischen Ursprung und das Primat des Hl. Jacobus.[34] Bis in die Neuzeit hinein erscheint der Apostel in seiner ikonographischen Darstellung mehrmals als reisender Pilger, ausgestattet mit Pilgerhut-, stab- und mantel. Die ikonographischen Spuren lassen nicht nur Rückschlüsse auf die europäische Rezeption des Apostelkultes zu sondern unterstreichen zudem die bedeutsame Phase der europäischen Jacobusverehrung, welche das 13. Jahrhundert bildete.[35]

## 2.3 Zusammenfassung

Im Mittelalter vereinte die religiöse Verehrung des Hl. Jacobus die gesamte Christenheit des westlichen Europas mit dem asturischen Königreich, insbesondere mit Compostela. Dies gelang vor Allem, da die zahlreichen schriftlichen Quellen des Mittelalters und auch die Compostelaner Kirche selbst den Apostel zum Heiligen mystifizierten. Warum die Verehrung des Jacobus im westlichen Europa auf fruchtbaren Boden stieß, erklärt R. Plötz in seinen Untersuchungen zur Santiago-Wallfahrt:

„Vom 5. bis zum 11. Jahrhundert formte sich progressiv das, was wir heute als Sakralgeographie des okzidentalen Mittelalters kennen. Kirchliche Strukturen festigten sich, Heiligenkulte blühten auf, eine erste Welle häretischer Streitigkeiten wurde beigelegt und eine Vereinheitlichung der verschiedenen nationalen Liturgien im römischen Sinn fand statt."[36]

---

[31] Herbers, K.; 2002: 105
[32] Plötz, R.; 1998: 80
[33] Übersetzung : „Der Herr hat mich geschickt."
[34] Plötz, R.; 1998.: 81
[35] Herbers, K.; 2002 : 47
[36] Plötz, R.; 1990: 184

Karl der Große erfuhr zahlreiche Rückschläge, nachdem er versuchte „[...] das Abendland in einer theokratisch gefärbten Monarchie, in der die Interessen von Reich und Kirche auf einen Nenner gebracht waren zu vereinen   [...]"[37] Die alten Ordnungen verschwanden, neue Regierungssysteme entstanden und Fremdvölker ließen sich zunehmend in Spanien nieder. In dieser Zeit der Orientierungslosigkeit sehnten sich die Menschen nach Stabilität, geregelten Normen und gerechten Autoritäten, welche sie in der Kirche und der Religion mit Gott als dem ewigem Element zu finden glaubten. Im Zuge dessen wuchs nicht nur der Kult mit Heiligen und Reliquien sondern es fand eine massenhaft einsetzende Hinwendung zu Gott statt. Der geteilte Heiligenkult und die gemeinsamen Lebensformen bildeten die Basis dafür, dass sich das christliche Abendland im Mittelalter zu verwirklichen begann. Mit den Pilgerfahrten zur Grabstätte des Apostels konnte das christliche Leben europaweit geteilt werden insofern man sich mit Glaubensbrüdern auf die Weggemeinschaft begab.[38] In diesem Verlauf wurde die sakrale Bedeutung des Hl. Jacobus als Schutzheiligen vor Allem durch *Legenda Aurea* auf das Pilgerwesen hin übertragen, wodurch der Apostel neben seinem Status als Heiliger und Märtyrer europaweit[39] als Schutzpatron der Pilger in Erscheinung trat. Das Grab des Apostels in Santiago de Compostela übte eine enorme Anziehungskraft auf Europa und machte Galicien zum geistlichen Zentrum Spaniens.[40]

---

[37] Ebd.
[38] Ebd. 175
[39] *europaweit* soll sich hierbei auf das westliche (christliche) Europa beziehen
[40] Nolte, H.H.; 2001 : 56

## 3.0 Der Ausbau des Hl. Jacobus zu einem Politischen Heiligen: Politische Instrumentalisierung des Jacobuskultes in der Reconquista und im Franco-Regime

Die Vorstellung des Hl. Jacobus als Patron, wurde bereits im achten Jahrhundert von dem asturischen Mönch Beatus von Liébana aufgenommen. In seinem Kommentar zur Apokalypse des Johannes (776 n. Chr.) berichtet der Mönch nicht nur von einer Predigt des Apostels auf der Iberischen Halbinsel sondern er entfaltet erstmals den Patronatsgedanken in einem politischen Kontext. J. Domínguez Garcia misst dem Hymnus die Bedeutung bei, als erstes schriftliches Zeugnis den religiösen Aspekt des Jacobuskultes mit einer politischen Zielsetzung zu verbinden.

„El himno de Beato de Liébana se aleja de una simple representación local del culto a Santiago y, por primera vez, se liga el liderazgo apostólico de Santiago con una idea mesiánica, de carácter político, unificadora de Hispania."[41]

Der Patronatsgedanke Liébanas wurde von den asturischen Königen im Rahmen der Reconquista aufgegriffen und fortgeführt, wodurch das kriegerische Bild des Hl. Jacobus in ein europaweites Stadium überführt wurde.

### 3.1 Die politische Funktion des Hl. Jacobus in der Reconquista (711-1492)

Um das Jahr 711 n.Chr. begannen aus Nordafrika kommende muslimische Heereszüge mit der Eroberung der gesamten Iberischen Halbinsel. Unter der Führung des Westgoten Pelayo gelang es mit der gewonnen Schlacht bei Covadonga 722 n.Chr. die arabischen Eindringlinge vorerst zu vertreiben. Dennoch blieb die von den Sarazenen ausgehende Gefahr erneuter Kämpfe bestehen. Mit dem Eindringen der Muslime erlitten viele Teile des asturischen Reiches[42] einen Bruch mit der Vergangenheit, indem antike Zentren wie etwa Clunia oder Asturica an Bedeutung verloren. Da sich das asturische Königreich[43] als Erbe des zerschlagenen Westgotenreiches verstand, führten die inneren Unruhen des Landes zu „[...] einer Besinnung auf gotische Traditionen, eine Tendenz, welche sich ebenso in den frühen asturischen Chroniken des

---

[41] Domínguez Garcia, J.; 2008 : 51
[42] Speziell ist damit der Raum zwischen der kantabrischen gebirgskette und dem Duero gemeint. (Vgl.; Alsina, F.L.; 1990 : 64)
[43] Ab dem Jahr 910 n.Chr. bestand das asturische Reich aus den drei Teilreichen Asturien, León und Galicien

neunten Jahrhunderts spiegelt."[44] Obwohl das asturische Reich bis in die Grundfesten christlich blieb, brauchte es angesichts der Okkupation durch eine fremde Kultur und des Zusammenlebens von drei verschiedenen Weltreligionen[45] gerade in dieser Zeit eine Identifikationsfigur zur Wahrung der eigenen Identität, denn „Infragestellungen durch das Fremde, Bedrohungen von außen oder innere Krisen versucht man durch Betonung der eigenen Identität zu konterkarieren oder zu widerlegen."[46] In dieser von Kriegswirren und Orientierungslosigkeit geprägten Zeit wurden im neunten Jahrhundert die Gebeine des Hl. Jacobus in Santiago de Compostela entdeckt. Der Grabkult erfuhr von Anfang an eine intensive Förderung durch Alfons II. (791-842 n. Chr.) und folgenden asturischen Königen. Alfons II. deklarierte den Apostel zum Schutzpatron des Reiches, der das Land festigen und die Streitkräfte einen sollte. Mit dem Beinamen des sogenannten *matamoros*[47] galt der Hl. Jacobus damit als Schutzherr der Christen im Kampf gegen die Mauren und als geistiger Führer der Reconquista. Alfons II. schuf jedoch nicht nur eine Identifikationsfigur für das christliche Westgotenreich sondern nahm die sakrale Bedeutung der Grabstätte des Apostels zum Anlass für politische Zielsetzungen. F. L. Alsina hält fest:

„Nach der Erneuerung der Grabverehrung war es ratsam auch die alte Pilgerfahrt von Franken, Römern, Vandalen und Goten, das heißt die Pilgerfahrt der gesamten westlichen Christenheit zu erneuern, die, so hoffte man, die Verbindungen des Königreiches Asturien mit dem christlichen Europa des neunten Jahrhunderts festigen würde."[48]

Compostela und das Grab des Apostels waren die geeigneten Symbole für die Annäherung und Öffnung des asturischen Königreiches zu den übrigen Völkern des christlichen Europas, denn im Kampf gegen die Mauren benötigte man Verbündete. Obwohl es dem asturischen König damit gelang, dass der Kult um Jacobus einen überregionalen Bekanntheitsgrad erreichte, nahm er den Mythos um den Apostel zunächst allein für das asturische Reich in Anspruch. Auch im späteren Verlauf der Reconquista gewann der Apostel neben der sakral-kirchlichen auch zunehmend eine politische Bedeutung. In den Überlieferungen der Schlacht von Clavijo (844 n. Chr.)[49] und der Eroberung Coimbras (1064 n.Chr.) [50] wird Jacobus vermehrt als

---

[44] Herbers, K.; 1994: 201
[45] gemeint sind hierbei das Christentum, das Judentum und der Islam
[46] Discherl, K./Barro A.; 1998 : 431
[47] Herbers, K.; 2002: 113
[48] Alsina, F.L.; 1990: 63
[49] Die Erzählung über die Schlacht von Clavijo findet sich in den Urkunden der *votos de Santiago*. Siehe: A 3.3.1
[50] Die Geschichte um die Eroberung Coimbras findet sich in der *Historia Silense* (1118) Vgl. Herbers, K.; 2003 : 48

Schlachtenhelfer und Interzessor dargestellt. Gemäß letzterer Erzählung konnten die Truppen unter der Führung Ferdinand I. nach langwierigen und erfolglosen Belagerungen die Stadt einnehmen und damit einen wichtigen Sieg über die Araber im Westen des Reiches erringen. Den Erfolg schrieben spätere Quellen, wie etwa die *Historia Silense* (1118 n.Chr.) oder das *Liber Sancti Jacobi*, dem Beistand des Apostels zu. Demnach sei Ferdinand I. vor der Eroberung Coimbras zum Grab des Apostels nach Santiago gepilgert und habe ihn als Interzessor angerufen. Nach dem Sieg habe er erneut die Grabstätte aufgesucht und sich für die gewährte Schlachtenhilfe sowohl spirituell als auch materiell bedankt. Hierbei findet sehr deutlich eine Verknüpfung von Politik (Schlachtenhilfe), Tradition (Grabesort) und Religion (Pilgerverehrung) statt. [51] Weitere Quellen, welche nachweislich eine politische Bedeutung des Jacobuskultes im frühmittelalterlichen asturischen Reich aufzeigen, sind im Wesentlichen in den hochmittelalterlichen Königsurkunden auszumachen:

„In diesen Urkunden erflehten die asturischen Königen von Alfons II. (789-842) bishin zu Vermudo III. (1028-37) den Beistand des Apostels bei all ihren Unternehmungen aber auch die Fürsprache zur Vergebung der eigenen Sünden." [52]

Die religiöse Figur des Apostels mit seiner mythisch-sakralen Bedeutung wurde von den asturischen Königen zunehmend zu einer Identifikationsfigur für das asturische Reich ausgebaut um die Einheit des Reiches angesichts der muslimischen Bedrohung zu wahren. Auf dieser Grundlage konnten politische Unternehmungen, insbesondere Schlachten und Kriege, legitimiert werden. Indem die Könige den Apostel als Beistand bei kriegerischen Auseinandersetzungen anriefen, wurde damit ein neues Bild des Hl. Jacobus erzeugt, in welchem Politik und Religion zusammenwirkten. Im Zuge der Reconquista übernahm Jacobus erstmals[53] die Funktion eines Schlachtenhelfer und wurde damit zum „politischen Heiligen"[54]. Es ist ein kriegerisches Bild des Apostels, welches ihn als „Maurentöter" (*Santiago matamoros*[55]) darstellt. Das asturische Reich beanspruchte zunächst das Patronat des Hl. Jacobus für sich allein, um innenpolitische Aktionen zu legitimieren. Außenpolitisch nutzte man jedoch die Legende des Apostels, um Jacobus selbst und sein Grab in Santiago als Symbol der Öffnung gegenüber dem westlichen Europa darzustellen. Die religiöse Figur Jacobus galt als bedeutsam für den christlichen

---

[51] Herbers, K.; 1994: 204
[52] Ebd. 199
[53] Zwar wurde laut der Legende bereits im neunten Jahrhundert der Apostel als Schlachtenhelfer Karls des Großen dargestellt. Allerdings findet sich dies in schriftlicher Form erst im 12. Jahrhundert wieder
[54] Herbers, K.; 1994: 226
[55] Plötz, R.; 1990: 184

Glauben, welcher im westlichen Europa verbreitet war. Indem „[....] der Apostel Jacobus in eine „persönliche" Beziehung zur Iberischen Hallbinsel und damit zu Europa trat"[56], war der Grundstein für eine europaweite Ausbreitung des (kriegerischen) Jacobusbildes gelegt. Die überregionale Bekanntheit und das europäische Interesse zeigte sich erstmals im Jahr 950 als Bischof Cotescalc von Aquitanien als erster Pilger jenseits der Pyrenäen den Weg zum Apostelgrab antrat.[57] Auch spätere Könige förderten die europaweite Popularität des Kultes um den Apostel und um Santiago. Mit der Veranlassung einer einheitlichen Streckenführung von Frankreich nach Santiago gelang es Sancho d. Ä. und König Alfons III. im 11. Jahrhundert nicht nur die Wege zum Apostelgrab für die Pilger sicherer und einfacher zu gestalten sondern auch das asturische Reich infrastrukturell mit dem restlichen Europa zu verbinden.[58] Über mehrere Jahrhunderte lebten mit den Muslimen, Juden und Christen auch drei verschiedene Religionen in Spanien nebeneinander her. Die Katholische Kirche sah das Christentum und ihre Vormachtstellung in Spanien angesichts der mit dem Judentum und dem Islam eingedrungenen fremden Religionen stets bedroht.[59] Diesen Punkt greift auch der Soziologe R. Girtler in seiner Vermutung auf, die Katholische habe den Hl. Jacobus in der Reconquista benutzt, um gegen diese fremden Konfessionen vorzugehen und das Christentum zu propagieren:

„Die katholische Kirche benötigte eine starke katholische Macht im nichtislamischen Teil Spaniens, um den Feind zu verjagen. Dazu bedurfte es eines prominenten Nationalheiligen, der den heiligen Krieg, den Kreuzzug, legitimierte. Einen solchen Heiligen fand man schließlich im Apostel Jakob."[60]

Girtler glaubt, dass der Hl. Apostel und seine christliche Bedeutung erstmals von der Katholischen Kirche im Kampf gegen die Mauren ins Spiel gebracht wurde. Aus diesem Grund würden sich vor dem achten Jahrhundert keine Erwähnungen des Apostels in Spanien finden lassen.[61] Dabei kann es sich jedoch lediglich um reine Spekulation, denn ebenso wie es keine schlüssigen Argumente für die Translation des Leichnams nach Santiago gibt, bleibt auch diese Behauptung wissenschaftlich unbewiesen. Fest steht jedoch, dass sich die Katholische Kirche stets darum bemühte die Kämpfe gegen die Mauren fortzusetzen.[62] Zu Beginn des 12.

---

[56] Plötz, R.; 1990: 184
[57] Ebd.
[58] Häußling, J. M.; 2005: 23
[59] Scholz, G.
[60] Scholz, G.
[61] Ebd.
[62] Lang, A.; 2005: 24

Jahrhunderts trug die zeitliche Nähe des ersten Kreuzzugs[63] (1095-1099) entscheidend zum Vorhaben der Kirche bei, denn „[d]urch die Idee der Kreuzzüge beflügelt, wurden [....] Kriege [gegen die Muslime] geführt, die durch Papst Urban II. als Kreuzzüge anerkannt waren."[64] Es bleibt daher umstritten, ob das Bild des kriegerischen Jacobus von den asturischen Königen oder der Katholische Kirche evoziert wurde. In jedem Fall wurde die religiöse Bedeutung des Hl. Apostels mit dem weltlichen Geschehen verbunden insofern er als christliche Figur politische Unternehmungen und Kriege legitimieren sollte.

## 3.2 Die Bedeutung Compostelas für die Kirchenpolitik Diego Gelmírez

Da nach dem Einfall der islamischen Heereszüge in das Westgotenreich allein das nördliche Gebiet der asturischen Berge christlich geblieben war, „[...] übernahm Asturien mit seiner späteren Hauptstadt Oviedo diejenigen Aufgaben, welche bisher vor allem vom geistigen Zentrum Toledo wahrgenommen wurden[...]"[65] und entwickelte sich somit zum Hort der hispanischen Tradition. Mit der Wiedereroberung Toledos 1085 besaßen die Christen auch wieder ihre alte Metropole des Westgotenreiches. Nachdem Erzbischof Bernard von Toledo kurze Zeit später das Primat in allen Königreichen der Iberischen Halbinsel einforderte, gewährte Papst Urban II. Toledo 1088 „[...] die Primatswürde und die Rechte eines päpstlichen Legaten für Spanien."[66] Angesichts des damit verbundenen Einflusses Toledos sah sich Compostela in seiner eigenen Stellung bedroht. Um den Toledanischen Einfluss zu neutralisieren, war man auf die Hilfe des Papsttums angewiesen. Dabei stütze sich Allen voran der Compostelaner Bischof Diego Gelmírez einerseits auf den Besitz der Apostelreliquien und der damit verbundenen Legitimation Santiagos als religiöses Zentrum Spaniens. Andererseits berief er sich auf das Selbstverständnis der Apostelkirche, denn [...] schon viele Bischöfe Compostelas hatten sich seit dem neunten Jahrhundert mit dem Titel *apostolice sedis episcopus* bezeichnet."[67] Schrittweise gelang es Gelmírez die Stellung der Compostelaner Kirche in Spanien zu erhöhen. Auf die zahlreichen Privilegien, welche Compostela ab dem Beginn des 12. Jahrhunderts zugesprochen wurden, soll hier nicht detailliert eingegangen werden. Wichtig erscheinen vorerst zwei Begebenheiten: 1104 wurde ihm das Amtsabzeichen des Papstes verliehen, 1124 sogar die Erzbischofswürde. Die an Compostela übergebene Metropolitanwürde hatte nicht nur zur Folge, dass die Ansprüche Toldeos verletzt wurden sondern es ermöglichte

---

[63] Der von Papst Urban II. legitimierte Kreuzzug beabsichtigte die Rückeroberung Palästinas von den Muslimen durch die Kreuzritter
[64] Lang, A.; 2005: 24
[65] Herbers, K.; 1995: 14
[66] Herbers, K.; 1994: 211
[67] Ebd.

Gelmírez auch in den traditionell kirchlichen Metropolen Mérida und Braga für kurze Zeit als päpstlicher Legat zu fungieren. Bei all seinen Unternehmungen wurde Gelmírez stets vom Papsttum unterstützt.[68] K. Herbers sieht die päpstliche Hilfe und die Verleihung der Privilegien, wodurch Compostela schrittweise zur Metropole erhoben wird, nicht immer in einem freiwilligen Rahmen gegeben. In der *Historia Compostellana* gibt Gelmírez offenkundig die Bestechung des Papstes zu. Nach außen hin jedoch ist „[f]ür alle Vorrechte und Rangerhöhungen, die Compostela unter Diego Gelmírez in gut zwanzig Jahren erreichte [...] stetig auf den Besitz der Apostelreliquien verwiesen worden, um der *sedes apostolica* [...] die ihr gebührende Stellung zu verschaffen."[69] Darüber hinaus legitimierte der Reliquienbesitz weitere Neuerungen der Compostelaner Kirche. Auch im europäischen Vergleich sah man sich mit dem Besitz der Apostelreliquien selbst Rom gegenüber mit einer besonderen Würde ausgestattet. Es war vor Allem der Umstand, dass gerade im Zeitalter der Kirchenreform der Heiligenkult vermehrt gefördert wurde, der den kirchenpolitischen Erfolg Gelmírez begünstigte. K. Herbers fasst das Wirken Diego Gelmírez´ als ersten Erzbischof von Santiago de Compostela wie folgt zusammen:

„Unter Diego Gelmírez wurde für Compostela in kirchenpolitischer [...] Hinsicht viel erreicht. Der Apostel fungierte hierbei als Legitimator für die vielfältigen Ansprüche und Vorrechte. Das Renommée Compostelas als Grabes-und Wirkungsstätte des Apostels nahm zu."[70]

Gelmírez benutzte die religiöse Bedeutung des Hl. Jacobus als Mittel, um Machtbestrebungen der Katholischen Kirche und insbesondere der Kirche von Santiago de Compostela sowohl zu legitimieren als auch zu fördern. Damit gelang es ihm nicht nur das Bild des Apostels als einen der bedeutendsten Heiligen und Märtyrer an Compostela zu binden sondern er konnte mit dem erlangten Reichtum der Kirche dieses Bild innerhalb ganz Europas unterstreichen und Compostela weiter zum wichtigsten Pilgerzentrum der Christenheit ausbauen. Überdies führte diese Entwicklung Compostelas zu einem verstärkten wechselseitigen Austausch mit Europa und einem wirtschaftlichen Aufschwung der Stadt.[71]

---

[68] Ebd. 212
[69] Ebd.
[70] Herbers, K.; 1994: 226
[71] Ebd.

## 3.3 Zwischen Sinnsuche und Kommerz - Das Geschäft der Katholischen Kirche mit dem Jacobuskult

### 3.3.1 Die Votos de Santiago

Mit dem Privileg der *Votos de Santiago* wurde an die religiöse und politische Bedeutung des Hl. Jacobus nicht nur angeknüpft sondern der Kult um den Apostel erhielt auch einen ökonomisches Attribut. Zwischen 1155 und 1172 brachte der Compostelaner Kleriker Pedro Marcio die *votos* erstmals in eine schriftliche Form. Dabei handelte es sich um eine Abgabe, welche die Bewohner der Iberischen Halbinsel an die Apostelkirche in Santiago zu leisten hatten.[72] Die Begründung der *votos* wurde von Marcio auf die angebliche Schlacht von Clavijo im Jahr 844 zurückgeführt:

„Nach einer Niederlage der Christen habe Jacobus in einer Vision Hilfe angeboten, danach hätten die Truppen des Königs Ramiro gesiegt. Hierauf hätte Ramiro die jährliche Zahlung an die Basilika des Apostels festgelegt, die jeder Christ in der ganzen *Hispania* entrichten müsse. Außerem solle nach jedem Sieg über die Sarazenen ein Beuteanteil abgegeben werden."[73]

K. Herbers sieht in den *votos* jedoch eine Fälschung. Die „echten" *votos* seien vermutlich bereits im Jahr 934 von Ramiro II. eingeführt worden. Dabei wird der Hl. Apostel jedoch weder erwähnt noch mit einer Schlachtenhilfe in Verbindung gebracht. Zudem war die Abgabe nur in den galicisch-leonesischen Gebieten und nicht wie bei Marcio in ganz Spanien zu leisten. Herbers meint darin bereits Tendenzen zu erkennen, „[...] den apostolischen Charakter des Sitzes von Compostela herauszuheben und damit benachbarte Bistümer überflügeln zu wollen, [...]"[74]. Auch andere Bistümer begehrten nun den materiellen Vorteil der *votos* und die Kirchenvertreter wünschten sich einen ähnlichen Segen für ihre Institution. Als Alfons VII. 1150 daraufhin die *votos* im Bistum Toledo einführte, wurde nicht nur die Steuerabgabe an den Hl. Jacobus sondern auch dessen Funktion als Schutzherr erstmals für ein Gebiet außerhalb Leóns in Anspruch genommen. Im 13. Jahrhundert übernahmen immer mehr Gebiete Spaniens die *votos* in der Hoffnung, sich den Beistand des Apostels erkaufen zu können.[75] So wurden mit den *votos* fortwährend Bilder des Hl. Jacobus als Schlachtenhelfer evoziert:

---

[72] Herbers, K.; 2003: 180
[73] Herbers, K.; 2003: 180
[74] Herbers, K.; 1994: 235
[75] Ebd.

„Damit hatte die Rolle des Apostels einen festen Platz in der spanischen Geschichtsschreibung, aber auch im öffentlichen Bewusstsein und kollektiven Gedächtnis erobert."[76]

Die nun scheinbar erwerbbare Schlachtenhilfe breitete sich über alle Teile Spanien aus, so dass der Patronatsgedanke letztlich in ganz Spanien übernommen wurde. Die *votos* ermöglichten zudem rege Bauaktivitäten, womit es Santiago gelang, sich gegenüber Europa prächtiger denn je zu zeigen.[77]

### 3.3.2 Die Patronatsstellung des Hl. Jacobus im 17. Jahrhundert

Das 17. Jahrhundert war geprägt von der Frage, wer denn der wahre Patron Spaniens sei. Die Debatte wurde ausgelöst, als Theresia von Ávila 1622 offiziell zur Heiligen erklärt wurde. Der von den Cortes und Papst Urban VIII. erneuerte Beschluss vom 21. Juli 1627 sah es vor, Theresia zur Patronin von Kastilien zu bestimmen. Das Patronat des Hl. Jacobus für ganz Spanien sollte jedoch unangetastet bleiben. Auf die Kritiken vieler kastilischer Jacobus-Verehrer hin, welche eine Zweiteilung des Landespatronats strikt ablehnten, entschied der Papst im November 1629 die Hl. Theresia „[...] solle nur für diejenigen Orte und Diozösen gelten, wo Bischof, Klerus und Volk gemeinsam darum bitten würden."[78] Auf der anderen Seite gab es aber bereits im 16. Jahrhundert Gegner der Jacobusverehrung, welche die Missionarstätigkeit des Apostels auf der Iberischen Halbinsel in Frage stellten. Warum also wurde der Hl. Jacobus trotz der Anzweifelungen zum Landespatronat erklärt? Die Beantwortung dieser Frage zeigt die eminente politische Bedeutung auf, welche das jakobinische Patronat mit sich führte, denn mit dem Patronat verknüpften sich für die Kirche von Santiago de Compostela im Nordwesten Spaniens auch handfeste ökonomische Vorteile. Die bereits erwähnten *votos* galten in weiten Teilen Spaniens noch immer als Pflichtabgaben. Die Jacobus-Verehrer verteidigten neben dem Patronatsanspruch des Heiligen zugleich auch die ökonomischen Interessen der Kirche von Santiago. Die Kritiker hingegen brachten zwar die *votos* für den Apostel auf, sahen ihren geistigen Bezugspunkt jedoch in der Hl. Theresia verankert.[79] Geistige und weltliche Aspekte schienen bereits seit dem frühen Mittelalter aufs Engste miteinander verbunden zu sein. Die Katholische Kirche war vor Allem im Zuge der Reconquista offensichtlich daran interessiert, den Kult um den Hl. Jacobus zu einem europaweiten Phänomen auszubauen. Auf der Grundlage der religiösen Bedeutung des Apostels, seiner Patronatsstellung in Spanien, seiner Popularität

---

[76] Herbers, K.; 2003: 180
[77] Ebd.
[78] Herbers, K.; 1994: 178
[79] Ebd.

in Europa und eines ausgebauten Streckennetzes des Jakobsweges, welche die Pilgerfahrt entscheidend sicherer machte, konnten die Kirchenvertreter außerdem ihre Steuereintreibungen legitimieren.[80] Unter Philipp IV. (1621-1665) wurde das apostolische Patronat zunächst offiziell anerkannt, bevor es 1700 von Karl II. erneut in Frage gestellt wurde. Letztlich schafften die Cortes am 14. Oktober 1812 die Vorrechte der Compostelaner Kirche ab und erklärten Theresia zur Mitpatronin Spaniens. Ein Ende der Auseinandersetzung war damit jedoch noch nicht in Sicht. Erst unter dem Regime Francos wurde die Frage nach dem jakobinischen Patronat für Spanien endgültig beantwortet. General Francisco Franco Bahamonde erließ am 21. Juli 1937 ein Dekret, welches das Landespatronat, den nationalen Festtag am 25. Juli und die Abgaben an die Kathedrale von Santiago de Compostela regelte. Bis heute ist dieses Dekret in Kraft.[81]

## 3.4 Die Funktion des Hl. Jacobus und des Jakobsweges im Franco-Regime (1939-75)

Nachdem die Pilgerfahrt nach Santiago Anfang des 20. Jahrhunderts aufgrund der Wirtschaftskrise, dem I. Weltkrieg und dem spanischen Bürgerkrieg zum erliegen kam, erfuhr der Jacobuskult unter dem Regime Francos (1939-75) eine Neubelebung. Bereits kurze Zeit nach seinem Regierungsantritt erließ Franco das Dekret 325 und erklärte zudem den 25. Juli wieder zum offiziellen Feiertag. Mit dem Erlass des Dekrets war auch die Wiedereinführung der *votos de Santiago* verbunden.[82] Bereits in diesem Dekret finden sich erste Hinweise einer Rückbesinnung auf spanische Traditionen. So wird etwa das missionarische Wirken des Apostels auf der Iberischen Halbinsel und der Beistand des Heiligen bei der Vertreibung der Mauren aufgegriffen. Den Sieg der Bürgerkriegsschlacht bei Brunete 1937 führte Franco ebenfalls direkt auf den apostolischen Beistand zurück.[83] Der Hl. Jacobus wurde unter General Franco in seiner Patronatsstellung weiter zur Identifikationsfigur Spaniens ausgebaut, um die Einheit des Landes unter seiner Führung zu stabilisieren. Mit der Umformulierung von *Matamo*ros in *Matacomunistas*[84] wurden zudem die faschistischen Tendenzen der Regierung propagiert. Auf der Grundlage der Patronatsstellung des Hl. Apostels sah sich auch die Kirche vermehrt in die Staatspolitik eingebunden. Die Katholische Amtskirche gehörte zu den tragenden Säulen des Regimes, erhoffte sie sich doch „[...] die Wiedereinsetzung des

---

[80] Ebd. 179
[81] Herbers, K.; 1994: 178
[82] Bernecker, W.L.; Spanienhandbuch; 2006: 398
[83] Ebd.
[84] Ebd.

Katholizismus in seine alten „vorrepublikanischen" Privilegien."[85] Die Hoffnung der Kirche erfüllte sich als 1945 der Grundrechtskatalog verabschiedet wurde, welcher den Katholizismus offiziell zur Staatsreligion in Spanien deklarierte. Das Gesetz sah es vor, das Bekenntnis zur katholischen Religion unter staatlichen Schutz zu stellen und die öffentliche Praxis anderer religiöse Handlungen als jene der katholischen zu unterbinden. Der Nacional-Catolicismo führte zu einer erneuten Verschmelzung von Politik und Religion. Die Kirche erhielt ihre alten Vorrechte wieder und war auch politisch in den Staat eingebunden. 1946 wurden ihr nicht nur Subventionierungen vom Staat sondern auch „[...] direktes Repräsentationsrecht in wichtigen Staats- und Regierungsgremien, etwa in den Cortes, im Kron- und Staatsrat."[86] zugesichert. Darüber hinaus übte sie Einfluss im gesellschaftlichen Bereich aus. Eheschließungen und Scheidungen unterlagen nicht länger dem Gesetz sondern waren nur mit dem kirchlichen Segen möglich. Neben der Ausübung der Sexualrepression kontrollierte die Kirche auch den größten Teil des Bildungswesens von Schulen bis hin zu Universitäten. Dadurch war ihr die Möglichkeit gegeben, maßgeblich Einfluss auf die öffentliche Meinung zu nehmen. Das 1953 zwischen Spanien und dem Vatikan beschlossene Konkordat gestand der Kirche ihre staatlich gewährten Privilegien offiziell zu und kodifizierte sie. Im Zuge dessen wandelte sich die Rolle der Kirche vom staatlichen Hilfsorgan zum Bestandteil der politischen Macht Spaniens.

Die außenpolitische Haltung Spaniens im Franco-Regime war ambivalent. Innerhalb der außenpolitischen Autarkiephase (1939 – 46) erfolgte immer wieder ein Rückzug nach innen, „[...] um Konfrontationen mit einem feindlich angesehenen internationalen Umfeld zu entgehen."[87] Ab Anfang der fünfziger Jahre befand sich das Regime jedoch auf der Suche nach internationaler Anerkennung. Die Aufnahme Spaniens in die UNO 1953 verwies bereits auf erste Versuche der Öffnung des Regimes. Über den Jakobsweg mit seiner religiösen Bedeutung für die europäische Christenheit sollte hingegen die vollständige Öffnung gegenüber Europa bewerkstelligt werden. Obwohl G. F. Niehus davon ausgeht, dass es Spanien mit einem autoritären Regime faschistischen Ursprungs nie gelingen konnte als ein international gleichberechtigter Partner angesehen zu werden[88], „[...] bemühte sich Franco recht erfolgreich, die Geschichte der Santiago-Wallfahrt als ein europäisches Phänomen darzustellen, welches die Menschen aller Kulturen Europas ungeachtet der politischen Entwicklungen miteinander verbindet."[89] Zusammen mit hochrangigen europäischen Persönlichkeiten besuchte der Diktator Santiago de Compostela stets unter höchster medialer Präsenz. Am Jacobustag sprach er

---

[85] Bernecker, W.L.; Spanienhandbuch; 2006: 399
[86] Ebd.
[87] Niehus, G. F.; 1991: 226
[88] Ebd.
[89] Nolte, C.; 2005: 25

selbst die Weihegebete und veranlasste sogar den Druck von Sonderbriefmarken zu Ehren des Heiligen Jahres.[90] Laut R. Böck kann man „[...] dies auch als Versuch Francos sehen, die außenpolitische Isolierung, in die Spanien seit 1945 geraten war, zu überwinden und der allgemein verbreiteten politisch-moralischen Verurteilung entgegenzuwirken."[91]. Franco gelang es mithilfe des Jakobsweges einerseits Santiago erneut zum wichtigsten Wallfahrtsort der Christenheit zu machen und andererseits Spanien gegenüber dem restlichen Europa als ein kulturell aufgeschlossenes und der europäischen Tradition verhaftetes Land darzustellen. Dies sorgte nicht nur für eine Wiederentdeckung der traditionelle Bedeutung des Hl. Apostels und des *Camino* innerhalb Europas sondern führte außerdem zu einer Besinnung auf die europäische Historie und kulturellen Wurzeln. Die Vorstellung, dass „[...] es eine über tausendjährige Wallfahrtsgeschichte gibt (Tradition), ein zentrales Pilgerziel [...] und ein historisch belegtes Wegenetz, auf dem schon jahrhundertelang vor uns Pilger gelaufen sind [...]"[92] wurde in Europa aufgenommen und verbreitet, was sich nicht zuletzt in einem Aufschwung der Pilgerfahrt nach Santiago in den achtziger Jahren zeigte. Für seine politischen Vorhaben „instrumentalisierte" Franco den Hl. Jacobus und den Jakobsweg mitsamt seiner religiös-kulturellen Bedeutung zu einem politischen Hilfsmittel. Dabei zeigen sich Parallelen zur Funktion des Hl. Jacobus innerhalb der Reconquista, welche sich laut O.B. Rader dadurch ergeben, dass „[K]aiser, Könige, Päpste, Patriarchen und Bürgerschaften, ja selbst Nationen, [...] sich besonders gern auf die Hilfe der Heiligen [stützen], um Legitimität für ihre Herrschaft zu erlangen, Identitätsbewusstsein auszuprägen und Distinktionsvorteile gegenüber anderen zu konstruieren."[93] Franco verfolgte mit der Inszenierung des Hl. Jacobus als Landespatron zum Einen die Rückbesinnung auf traditionelle ursprüngliche Werte. Ähnlich wie die asturischen Könige zur Zeit der Reconquista verlieh er dem Hl. Jacobus eine identitätsstiftende Funktion, welche dabei jedoch für die Einheit des gesamten Spaniens sorgen sollte. Zum Anderen gelang es dem Diktator damit sowohl innen- als auch außenpolitische Entscheidungen und Unternehmungen seines faschistischen Regimes zu legitimieren. Die Darstellung des Patrons Jacobus in Spanien sollte darüber hinaus nicht nur den Zentralisierungsgedanken sondern auch den Nationalkatholizismus begründen.[94] Nachdem sich jedoch die „[...] strenge Haltung in der frühen Franco-Zeit entkrampfte [...]"[95], gelang Franco die schrittweise Öffnung des Regimes und der Anschluss an Europa zuletzt mit der Inszenierung des Jakobsweges als ein europäisches

---

[90] Ebd.
[91] Böck, R.; 2009: 140
[92] Egger, R.; 2010: 331
[93] Rader, O.B.; 2003: 139
[94] Egger, R.; 2010: 332
[95] Gimber, A.; 2003: 94

Phänomen. Damit konnte er zeigen, „[...] dass Spanien [selbst] in den europäischen historisch-kulturellen Traditionen verwurzelt sei."[96] Mit R. Plötz kann an dieser Stelle festgehalten werden, dass „[...] seit dem Mittelalter der Apostel Jacobus in seiner spanischen Form als Santiago kaum jemals so zielbewußt zur ideologischen Absicherung staatlich-politischer Realitäten und Intentionen eingesetzt [wurde] wie in den vier Jahrzehnten der Franco-Zeit."[97] Der Ausbau des Jacobuskultes und des Jakobsweges war offenbar zu jeder Zeit allein aufgrund einer religiösen und historischen Bedeutung für Europa möglich.

---

[96] Jafari, D.; 2008: 16
[97] Plötz, R.; 1990: 205

# 4.0 Postfranquistische Versuche der Integration Spaniens in Europa

## 4.1 Der Jakobsweg als erste Europäische Kulturstraße und UNESCO-Weltkulturerbe

Die Öffnungsbestrebungen Spaniens gegenüber dem restlichen Europa nach dem Ende der Franco-Diktatur wurden auch unter der 1978 eingeführten neuen Staatsform der parlamentarischen Demokratie fortgeführt. Bereits 1964 forderte die Arbeitsgruppe des Rates für Kulturelle Zusammenarbeit (CDCC) „[...] durch Schaffung von Studienreisen die Einbindung von Orten hoher kultureller Bedeutung in das Freizeitverhalten der Gesellschaft zu fördern."[98] Über Jahre wurden verschiedene Wege in Europa vorgeschlagen, besichtigt und auf ihre Tauglichkeit hin überprüft. Sowohl das spanische Kultusministerium als auch der Erzbischof von Santiago de Compostela Juan F. Fresno Larraín, riefen 1982 anlässlich des Heiligen Jahres dazu auf, die Jakobswege als gemeinsamen europäischen Kulturbesitz anzuerkennen. Zwei Jahre später wurden auf der Europäischen Parlamentarischen Versammlung in Straßbourg 1984 die Wege offiziell empfohlen.[99] Insbesondere die Kultusministerien Spaniens und Frankreichs befürworteten die kulturelle Neubelebung der Pilgerwege, aber auch kulturell und touristisch geleitete Interessengruppen standen dem Vorschlag positiv gegenüber. Als europäisches Verkehrsnetz verbanden die Wege nicht nur angrenzende Länder sondern auch das abseits gelegene Skandinavien mit Spanien. Dadurch bot sich die Möglichkeit eine gemeinsame Identifikationsbasis für das gesamte Europa zu schaffen. Schließlich wurde der Vorschlag angenommen und der Europarat erklärte den *Camino de Santiago* 1987 offiziell zur ersten Kulturstraße Europas.[100] Neben dem Europarat erkannte auch die UNESCO die kulturgeschichtliche Bedeutung des Jakobsweges und ernannte ihn 1993 zum Weltkulturerbe. Die UNESCO betont „[...] vor allem die etwa 1800 Profan- und Sakralbauten entlang des Weges und die historische Rolle, welche der Jakobsweg hinsichtlich des kulturellen Austausches spielte."[101] Bis heute ist der Jakobsweg als europäische Kulturstraße etabliert, was der fortschreitende Ausbau des Wegenetzes verdeutlicht. Um diesen überhaupt zu ermöglichen, arbeiten Jacobusgesellschaften verschiedenster europäischer Länder mit der spanischen Regierung zusammen. Der Jakobsweg als Teil der Geschichte Europas lockt heute mit seinem ausgebauten Wegenetz und den Angeboten rund um den *Camino* herum nicht nur zunehmend

---

[98] Klein, T.; 2005: 9
[99] Klein, T.; 2005: 9
[100] Ebd.
[101] Bartl, R.; 2008: 40

mehr Pilger und Touristen an sondern lässt damit auch ein Stück weit die europäische Vergangenheit wieder aufleben. Er vereint alle Klassen, Altersgruppen und Ethnien Europas, obwohl die individuellen Motive des Pilgerns unterschiedlicher Art sein können. Als Symbol der Vereinigung dienen die Jakobsmuschel und das Pilgeremblem. Die Begegnungen und der Austausch der Pilger untereinander auf dem *Camino* führen zu einem europäischen Gemeinschaftsgefühl.[102] Zahlreiche Ereignisse zeigen, dass Spaniens Versuche einer europäischen Eingliederung[103] Früchte tragen. So war 1992 Barcelona nicht nur Austragungsort der Olympischen Spiele sondern Madrid wurde im selben Jahr zur Europäischen Kulturhauptstadt ernannt. Im Jahr 2000 wurde dieser Titel auch Santiago de Compostela verliehen.[104]

## 4.2 Gegenwärtige Tendenzen einer Kommerzialisierung und Säkularisierung des Jakobsweges

Erste von Spanien selbst ausgehende Tendenzen einer Säkularisierung der religiösen Bedeutung des Hl. Jacobus wurden bereits mit dem politischen Streben der Könige und der Katholischen Kirche zur Zeit der Reconquista ausgemacht. Im 15. Jahrhundert war es überregional ein Deutscher, welcher der Santiago-Wallfahrt erstmals einen weltlichen Charakter verlieh. Mit dem Augsburger Patrizier Sebastian Ilsung trat 1446 erstmals „[...] ein neuer Pilgertypus in Erscheinung, der neben der religiösen Fahrt auch ein kulturgeschichtliches und ethnographisches Interesse zeigt."[105] In seinen Aufzeichnungen bezeichnete Ilsung seine Fahrt nach Santiago de Compostela nie als Wallfahrt sondern immer als „Reise". Auch gegenwärtig lassen sich Tendenzen erkennen, welche dahingehen dem Jakobsweg neben der religiösen auch eine weltliche Bedeutung beizumessen, um ökonomische und politische Vorteile zu genießen. Wie sehr der Jakobsweg in den letzten Jahrzehnten kommerzialisiert wurde, zeigt sich nicht zuletzt an dem Online-Verkauf von Pilgerausweisen. Neben diesen bieten zahlreiche Internet-Shops aber auch die dazugehörige Pilgerausrüstung bestehend aus Pilgerstab, Sonnenhut, Trinkflasche und Mantel an. Aus der religiösen Pilgerfahrt wird ein Geschäft gemacht.

---

[102] Ebd. 41
[103] Damit ist primär eine Eingliederung in die Europäische Union gemeint.
[104] Gimber, A.; 2003 : 128
[105] Hönsch, U.; 2000: 15

## 4.3 Touristische Vermaktungsstrategien des Jakobsweges am Beispiel des *Xacobeo*

Mit der Erklärung des Jakobsweges zum Weltkulturerbe ist sicher gestellt worden, dass der *Camino* eine kulturelle bzw. ideelle Bedeutung für die gesamte Menschheit besitzt.[106] Allein auf dieser Grundlage scheint es Spanien möglich zu sein den Pilgerweg auch international zu vermarkten.

„Um das touristische Produkt des Jakobsweges weiter voranzubringen, eröffnet sich noch ein weites Potential, das noch lange nicht ausgeschöpft ist. Wie der Heilige Jacobus bereits über 1000 Jahre lang mehr oder weniger Besucher angezogen hat, so wird seine Anziehungskraft auch den post-postmodernen Zeitgeist überleben – Global war sie auf jeden Fall schon immer."[107]

Die Galicische Regierung bemüht sich, besonders im Heiligen Jahr die Anziehungskraft des Jakobsweges zu verstärken, indem sie die Pilgerfahrt nach Santiago de Compostela mit zahlreichen Programmangeboten umrahmt und zu einem riesigen Spektakel aufzieht. Mehr als jedes andere Event in Spanien wird der *Xacobeo* beworben. Selbst europäische Jacobusgesellschaften, Pilgervereinigungen oder Organisationen wirken an der Durchführung des Programms mit.[108] Bereits anlässlich des vergangenen *Xacobeo* im Jahr 1993 stellte B. Haab fest, dass der Jakobsweg fernab von seiner traditionellen Bedeutung zu einer touristischen Massenware aufgezogen wurde:

„Mit Büchern, Broschüren, Maskottchen, Ausstellungen und Konzerten, die teilweise absolut nichts mit dem Weg zu tun hatten und reine Touristenattraktion waren, wurde von der Galizischen Regierung dafür geworben."[109]

Haab stellte fest, dass in zahlreichen Prospekten, welche für den Jakobsweg warben, touristische Informationen über Gastronomie oder Sehenswürdigkeiten Galiciens in einem größeren Umfang aufzufinden waren als jene über den Pilgerweg selbst.[110] Ein Aspekt der gezielten touristischen Vermarktung des *Xacobeo* und des *Camino* ist ferner mit dem *Plan Xacobeo* aus dem Jahre 1993 auszumachen.

---

[106] http://www.unesco.de/kulturerbe.html
[107] Egger, R.; 2010: 333
[108] Haab, B.; 1998: 58
[109] Ebd.
[110] Ebd.

### 4.3.1 Der Plan Xacobeo

Statistiken zum Phänomen „Jakobsweg" verzeichnen innerhalb der letzten Jahrzehnte einen regelmäßigen Anstieg der Pilgerbewegung nach Santiago de Compostela.[111] Nicht nur die Statistiker sondern auch die Regierungen von Galicien, Navarra, und Kastilien-León scheinen sich der zukünftigen Fortsetzung dieses Trends bewusst zu sein. Im Hinblick auf die wachsenden Beliebtheit des Jakobsweges in ganz Europa ist die Galicische Regierung offenbar bemüht den Kulturtourismus zu verstärken. Aus diesem Grund wurde 1993 der *Plan Xacobeo* ins Leben gerufen, dessen Ziel es sein sollte „[...] das Kulturerbe des Jakobsweges und seine Landschaften als besonderen Ort für das friedliche Aufeinandertreffen von Völkern und Kulturen zu vermarkten."[112] Betrachtet man die Organisation des Planes, so zeigt sich wie eng das *Xacobeo*-Projekt die Kulturpolitik des autonomen Galiciens mit jener Spaniens verklammert. Unterstützt wurde der *Plan Xacobeo* u.a. von der spanischen Zentralregierung, welche als der wichtigster Sponsor galt. Zusammen mit dem Jakobsrat, welcher sich als staatliche Organisation aus der Zentralregierung Spaniens und den einzelnen autonomen Regionen entlang des Jakobsweges zusammensetzte, arbeitete das Projekt einzelne Maßnahmen zur touristischen Förderung des Jakobsweges heraus.[113] Die Initiativen der *Xestión do Plan Xacobeo AG* umfassten den Ausbau und die Sanierung der einzelnen Wegstrecken und Herbergen, die Mitgestaltung des Festprogramms rund um den *Xacobeo* und die Stiftung von Beziehungen zwischen verschiedenen europäischen Jacobusvereinigungen. Der Pressesprecher der Galicischen Regierung (*Xunta*) Victor M. Vazquez Portomene kommentierte den *Plan Xacobeo* im Jahr 1993 als „[...] un plan de apertura cultural e socio-economica para esta caseque milenaria rota pola que Galicia se quere converter, de novo, en lugar de encontro de todos aqueles dispostos a facer *Camino*."[114] Die kulturellen Öffnungsbestrebungen wurden innerhalb Europas jedoch nicht durchweg positiv aufgenommen. Obwohl der Weg nach Santiago de Compostela mit der Sanierung der Pilgerstrecken einfacher gestaltet werden sollte, stießen einige der Baumaßnahmen auf europaweite Proteste. Um die Wege zu verbreitern wurden etwa jahrhundertealte Hohlwege zerstört und auch der *Monte del Gozo*, welcher für viele Pilger der bedeutungsvollste Ort wenige Kilometer vor Santiago war, fiel den Maßnahmen zum Opfer. Im Zuge dessen unterlag die ursprüngliche Landschaft Galiciens einer starken Veränderung.[115] Dennoch scheint der Jakobsweg ein profitables Vermarktungsprodukt für Spanien zu sein.

---

[111] Vgl. z.B.; Rosenberger, M.; 2005 : 10
[112] Jafari, D.; 2008 : 19
[113] Haab, B.; 1998: 58
[114] Ebd.
[115] Haab, B.; 1998: 58

Ungeachtet der traditionellen Bedeutung des *Camino* investierte die *Xunta* in Maßnahmen zur Steigerung der Attraktivität und zur Befriedigung touristischer Bedürfnisse mit dem Ziel Kapital aus der Vermarktung zu schlagen. Da Galicien zu den eher wirtschaftsschwachen Autonomien Spaniens zählt, scheint offenbar der Tourismus die wichtigste Einnahmequelle zu sein.[116] Das Heilige Jahr 2004 zeigt deutliche Erfolge der Marketingstrategie des *Plan Xacobeo*. Der Anstieg des Pilgertourismus in diesem besonderen Jahr bringt vor Allem einen wirtschaftlichen Nutzen für Galicien mit sich, welcher sich mit 3,6 Milliarden Euro an Einnahmen auf eine Zahl bringen lässt. Hotels, Bars und Kneipen verzeichnen in dieser mehr Besucher denn je und infolge dessen steigt auch die Beschäftigtenzahl im Dienstleistungssektor.[117]

## 4.4 Überlegungen zum Jakobsweg als kulturtouristisches Produkt

„Kultur ist eine touristische Ressource mit einer langen Tradition, einer lebendigen Gegenwart und einer aussichtsreichen Zukunft."[118]

Beim Jakobsweg als kulturtouristisches Produkt handelt es sich offenbar mehr um eine Vorstellung, welche sich aus der europäischen Geschichte heraus entwickelt hat als um den eigentlichen (geographischen) Pilgerweg. R. Egger stellt fest, dass in Europa ein eindeutiger Trend zum Pilgern vorliegt, wobei „[...] sich das Pilgern zu einer langsamen und sinnhaltigen Auf- und Verarbeitung des Lebensweges sowie des Reisens [...]"[119] entwickelt. Auch Migrationssoziologen beobachten seit jeher, dass der Mensch von Natur aus ein mobiles Wesen ist.[120] Das Auf-dem-Weg-Sein übt offensichtlich eine ungeheure Faszination auf die Menschen aus. Indem man aus dem Alltag ausbricht, sich auf einem unbekannten Weg Gefahren und Ängsten aussetzt und in eine neue „Welt" eintaucht, wird das Wandern zur menschlichen Grenzerfahrung. Somit scheint es die Verbindung von Tradition und habitueller Verankerung der Menschen zu sein, welche die Touristen auf den Jakobsweg lockt. R. Egger stellt fest, dass die gegenwärtige Gesellschaft im zunehmende Maße von Individualisierung, Globalisierung, Krisen und Katastrophen geprägt sei. Aus diesem Grund fände ein Umdenken der Menschen in allen gesellschaftlichen Bereichen statt um einen inneren Sinn zu finden. Der Wandel von der Spaß-Gesellschaft zur Sinn-Gesellschaft verklammert somit die Tradition der Jakobspilgerei eng mit Spiritualitätserscheinungen.[121] Der Jakobsweg entwickelt sich offenbar zu einem Phänomen des

---
[116] http://www.madriderzeitung.com/00711-xacobeo-jakobsweg-pilgern.html
[117] Jafari, D.; 2008: 20
[118] Steinecke, A.; 2007: 1
[119] Egger, R.; 2010: 333
[120] Schmugge, L.; 1995: 11
[121] Egger, R.; 2010: 333

Spirituellen Tourismus. Die Gesellschaft, welche wir heute vorfinden, scheint so komplex wie nie zu sein. Allen damit verbundenen Erwartungen gerecht zu werden, überfordert den Menschen oftmals, wodurch der Wunsch nach Einfachheit wächst. Der Jakobsweg bietet vermutlich diese ersehnte Einfachheit. Mit dem Nötigsten, was man tragen kann, lässt der Mensch die Gesellschaft mit all seinen Verpflichtungen ihr gegenüber hinter sich und praktiziert ein Ritual archaischer Gesellschaften. Obwohl M. Rosenberger auf Statistiken aus dem Jahr 2002 verweist, welche zeigen, dass die meisten Pilger die Santiago-Wallfahrt aus rein religiösen Motiven heraus antreten, lässt sich dennoch ein Anstieg der kulturell-religiös motivierten Pilgerfahrt erkennen. Laut C. Henning verwischen zusehends die Grenzen zwischen Profanem und Heiligem, denn „[u]nter den Wanderern auf dem Jakobsweg finden sich Atheisten, Agnostiker, Protestanten und Buddhisten ebenso wie Gläubige Katholiken."[122]

---

[122] Henning, C. Unter: http://www.zeit.de/2010/14/Pilgern?page=2

# B. Analyse der Selbstdarstellung Spaniens am Beispiel der Berichterstattung über den *Xacobeo* 2010 in *El País* und *El Mundo*

## 1.0 Zielsetzung

Das *Año Xacobeo*, welches seine Wurzeln im Mittelalter trägt[123], gilt auch gegenwärtig als besonderes Jahr in Spanien. Die Feier des *Xacobeo* besteht im Wesentlichen aus einem riesigen Programm, welches die Galicische Regierung in Zusammenarbeit mit verschiedensten kulturellen Institutionen Spaniens und europäischen Jacobus-Gesellschaften im Vorfeld plant. Dabei finden über das ganze Jahr hin verteilt in Galicien nicht nur diverse kulturelle Veranstaltungen wie etwa Ausstellungen, Vorträge oder Konzerte statt. Auch die Kathedrale in Santiago ist aus diesem Anlass rund um die Uhr geöffnet.[124] Obwohl sich auch Institutionen, Künstler, Politiker und Organisationen aus allen Regionen Spaniens am kulturellen Programm beteiligen, liegt mit Santiago de Compostela als zentralen Austragungsort das Hauptaugenmerk in diesem besonderen Jahr auf Galicien. Auch der *Xacobeo* 2010 wurde mit einem riesigen Programmangebot und zahlreiche Aktionen gefeiert. Den Höhepunkt bildete dabei der Besuch des Oberhaupts der römisch-katholischen Kirche Papst Benedikt XVI. Auf Einladung des spanischen Regierungspräsidenten José Luis Rodríguez Zapatero besuchte der Papst am 6. November 2010 zunächst Santiago de Compostela bevor er einen Tag später nach Barcelona weiterreiste.[125]

Im Folgenden soll untersucht werden, wie über den Besuch des Papstes, den *Xacobeo* und in diesem Zusammenhang auch über den Jakobsweg in den spanischen Printmedien berichtet wird. Dabei konzentriert sich die Analyse auf die beiden größten Tageszeitungen Spaniens *El País* und *El Mundo*, da diese aufgrund ihrer Popularität als repräsentativ für die spanische Medienlandschaft angesehen werden können. Es gilt vorauszuschicken, dass es sich bei den untersuchten Berichten um digitale Ausgaben der jeweiligen Tageszeitungen handelt. Im Gegensatz zur gedruckten Presse handelt es sich hierbei mehr um eine Art Kommentar, welcher die Meinung eines einzelnen Redakteurs widerspiegelt. Generell scheint es notwendig zu sein einige Eigenheiten von Massenmedien im Auge zu behalten: Medien selektieren Ereignisse der sozialen Umwelt, interpretieren sie und machen sie der Öffentlichkeit zugänglich. Der Begriff der Selektion spielt dabei eine gewichtige Rolle, da er auf eine Form der Subjektivität verweist.[126]

---

[123] Vgl. A Kap. 2.1
[124] http://www.madriderzeitung.com/00711-xacobeo-jakobsweg-pilgern.html
[125] http://www.zenit.org/rssgerman-21133
[126] Hepp, A.; 2004: 382

Ebenso wie die Perzeption der Rezipienten von bestimmten Prädispositionen[127] abhängig sind, so werden auch die Medien bei der Selektion der Informationen von bestimmten Bedingungen beeinflusst. Zu diesen Bedingungen gehören laut C. Glück u.a. der Rezipientenkreis und das Eigeninteresse, denn auch Medien unterstehen „[...] dem Zwang zur Wirtschaftlichkeit mit dem Ziel hoher Auflagen und Quoten [...]"[128]. Demnach können bestimmte Informationen allein aus Interesse an einer Auflagensteigerung verbreitet werden. Auch für K. Hickethier scheint es gewichtiger, dass „[...] jede Vermittlung immer auch Intentionen folgt und jedes kommunikative Angebot immer von den Interessen derjenigen bestimmt wird, die dieses Angebot herstellen und vermitteln."[129] Insofern bewegen sich Massenmedien auf einem schmalen Grat zwischen Informationsaufgabe auf der einen Seite und dem Nachkommen der Bedürfnisse des Rezpientenkreises auf der anderen Seite. Medien vermitteln zwischen Individuum und Realität, können als Zwischeninstanz aber nie gänzlich objektiv sein.[130]

In der folgenden Analyse werden die Berichterstattungen der *El País* und der *El Mundo* aus Gründen der Übersichtlichkeit in thematische Abschnitte unterteilt. Anhand der Untersuchungen soll vordergründig auf die Frage geantwortet werden, wie und inwieweit Spanien mithilfe des Jakobsweges und des *Xacobeo* in den spanischen Printmedien dargestellt wird. Auf die Analyse hinführend sollen einleitend nicht nur einige charakteristische Aspekte der spanischen Printmedien herausgefiltert werden sondern auch die beiden Quellen *El País* und *El Mundo* sollen einer näheren Betrachtung unterzogen werden. Dies wird als notwendig erachtet um die Art und Weise der Berichterstattung mit dem erworbenen Kontextwissen besser bewerten zu können.

---

[127] z.B. Alter, Geschlecht, Konfession oder sozialer Status etc. Siehe: Kuhn, H.-P.; 2000 : 71
[128] Glück, C.; 2007: 23
[129] Hickethier, K.; 2007: 17
[130] Glück, C.; 2007: 23

## 2.0 Besonderheiten der spanischen Printmedien

Der folgende Abschnitt erhebt keinesfalls den Anspruch die gesamte Entwicklung der spanischen Printmedien nachzuzeichnen. Er soll allenfalls einen Überblick über besondere Aspekte der Medienlandschaft in Spanien geben. Es gilt auf etwaige Formen der Subjektivität hinzuweisen, welche sich vor Allem im spanischen Pressewesen widerspiegeln:

„Die Entwicklung der Informationsgesellschaft, die vom Zentralstaat und den Autonomen Gemeinschaften im Einklang mit den Initiativen der EU [...] gezielt gefördert wird [...], macht seit Mitte der 1990er Jahre mit enormen Wachstumsraten in der Nutzung der Informations- und Kommunikationstechnologien rasche Fortschritte."[131]

Wie eng Informatik, Telekommunikationstechnologien und Medien in Spanien gegenwärtig miteinander verknüpft sind, zeigt sich nicht zuletzt darin, dass führende Tageszeitungen wie *El País* oder *El Mundo* unlängst eine digitale Ausgabe im Internet anbieten. Dabei sei laut D. Nohlen diese Konvergenz „[...] nicht rein technologischer sondern auch unternehmerischer Natur."[132] Der spanische Medienmarkt werde zunehmend mehr von Großunternehmen wie Banken, Werbefirmen oder Pressekonzernen kontrolliert. Neun große Medienkonzerne bestimmen als entscheidende Faktoren den spanischen Printsektor: *PRISA, Recoletos, Correo-Prensa Espanola, Voz, Unidad Editorial, Prensa Ibérica, Zeta, Tesa und godó*, wobei *PRISA*[133] als das größte Medienunternehmen auf dem iberoamerikanischen Markt auch die größte ökonomische Macht in Spanien besitzt. In ihre Hände fällt u.a. der Vertrieb der *El País*. Finanziert werden die meisten Zeitungen weniger durch den Direktverkauf als vielmehr durch Werbeeinnahmen.[134]

Im Franco-Regime unterlag die spanische Presse einer strengen Zensur. Erst mit dem Ende der Diktatur und im Verlauf der *Transición* wurde 1976 die Pressefreiheit und das Recht zur freien Meinungsäußerung restauriert. Als wichtigste Zeitungen in Spanien gelten gegenwärtig die überregionalen Qualitätszeitungen wie *El País, El Mundo, La Vanguardia* und *ABC*.[135] Für den spanischen Journalisten M. À.I Aguilar ist die Printpresse Spaniens strukturell besonders durch

---

[131] Nohlen, D.; Hildenbrand, A.; 2005: 233
[132] Ebd.
[133] *Promotora de Informaciones, Sociedad Anónima*. Gegründet 1972 ist sie gegenwärtig in 22 Ländern aktiv vgl. Institut für Medien- und Kommunikationspolitik Unter:http://www.mediadb.eu/datenbanken/internationale-medienkonzerne/grupo-prisa.html
[134] Fröschl, Petra; 2004: 58
[135] Ebd.

das allgemeine Fehlen einer Boulevardpresse gekennzeichnet. Dies und die Tatsache, dass in Spanien nicht nur wenig gelesen werde sondern auch „[...] die beim Publikum bevorzugten Programme in Radio und Fernsehen [...] nicht die [sind], die über Aktuelles informieren, sondern die Spaß und Unterhaltung bieten [...]"[136], haben zur Folge dass auch die Qualitätszeitungen sensationalistische Züge annehmen und damit der selbst angelegte Maßstab dieser Zeitungen sinkt.

---

[136] Aguilar, M.A.; 2004 : 411

## 3.0 El País

Die 1976 von Journalisten gegründete *El País* ist mit einer Auflage von rund 560.000 Exemplaren die meist gelesenste Tageszeitung in Spanien. Ansässig in Madrid erscheint sie überregional und wird vom Medienkonzern *PRISA* auch im Ausland vertrieben. Dort gehört sie zu den größten Tageszeitungen der Welt. [137] Laut D. Nohlen ist sie politisch dem linken Spektrum zuzuordnen, da sie 1982 „[...] zur Übernahme der Regierungsmacht durch den von *Felipe González* geführten PSOE maßgeblich beitrug."[138] Weiter sagt Nohlen über *El País* aus:

„Ihre Seriosität und Ausführlichkeit bei der Berichterstattung und nationale und internationale Themen sowie ein hohes Maß an journalistischer Professionalität und an relativer ideologischer Unvoreingenommenheit gehören zum Markenzeichen dieser Zeitung und machen sie zur unumgänglichen Pflichtlektüre aller Entscheidungsträger in Politik und Wirtschaft sowie unter den Eliten in gewerkschaften und Universitäten."[139]

Oftmals wird *El País* eine objektive und seriöse Form der Berichterstattung zugute geschrieben. Daher zählt sie auch zu den in Spanien preferierten Qualitätszeitungen. Sie hat sich seit 1980 selbst Redaktionsstatuten gegeben „[...] die unter anderem auch gewisse ethische Prinzipien bei der Weitergabe und Formulierung von Informationen festlegen, eine Art moralische Abmachung, die für alle Mitarbeiter verbindlich ist."[140] *El País* wird zum größten Teil über den Direktverkauf finanziert und nur zu einem Drittel über Werbeeinnahmen. [141]

### 3.1 PRISA

Die *PRISA*-Gruppe wurde 1972 im Franco-Regime gegründet. Zu ihr gehört neben *El País* die Wirtschaftszeitung *Cinco Días* und die Sportzeitung *As*. Zudem ist der Medienkonzern Aktionär bedeutender Zeitungen im Ausland wie etwa der britischen *The Independent*, der portugiesischen *O Publico* oder der mexikanischen *La Prensa*. In Spanien fällt in ihren Besitz auch die *Sociedad Espanola de Radiofusión (SER)*, welche mit über vier Millionen Hörern und vielbeachteten politischen Sendungen zu einem der einflussreichsten Radiosendern Spaniens

---

[137] Konrad Adenauer Stiftung
[138] Nohlen, D.; Hildenbrand, A.; 2005 : 235
[139] Ebd.
[140] Castellani, J.-P.; 2004: 669
[141] Ebd.

gehört.[142] Darüber hinaus ist PRISA auch im Bereich der audiovisuellen Medien aktiv. Zu einem Viertel ist sie etwa am PAY-TV-Sender *Canal Plus* beteiligt „[...] und ist einer der Hauptakteure des noch jungen digitalen Fernsehens."[143] *PRISA* gilt somit als einer der einflussreichsten Konzerne innerhalb der spanischen Medienlandschaft.

## 3.2 Allgemeine Aspekte der Berichterstattung in *El País*

Wiederholt wird in den Schlagzeilen und Artikeln der *El País* von einer Rekordzahl an Pilgern im Heiligen Jahr 2010 gesprochen. Um dies zu betonen, zieht die spanische Tageszeitung anhand von Statistiken Vergleiche zu vergangenen *Xacobeo*. Dadurch wird dem Heiligen Jahr eine besondere Bedeutung verliehen. Für ihre Berichte über die Ereignisse rund um den *Xacobeo* zitieren die Journalisten der *El País* die unterschiedlichsten Persönlichkeiten Spaniens aus Wirtschaft, Politik, Kultur und Religion, welche sich zu den Feierlichkeiten äußern. Des Weiteren wird auf zahlreiche namhafte spanische und internationale Größen aus Musik und Kultur verwiesen, welche das Programm rund um den *Xacobeo* bereichern sollen. Durchaus lässt sich vermuten, dass *El País* den *Xacobeo* und in diesem Rahmen auch den *Camino de Santiago* aus verschiedenen Perspektiven beleuchtet. Bei näherer Betrachtung zeigt sich jedoch, dass oftmals dieselben Quellen zitiert werden. Daneben fällt auf, dass fast ausschließlich positiv über den *Xacobeo* berichtet wird.

## 3.3 Der Jakobsweg als Element der spanischen Tradition

In den Artikeln der *El País* wird der *Xacobeo* bzw. der Jakobsweg nur selten mit dem politischen Geschehen in Galicien oder Spanien in einen Zusammenhang gebracht. Bei den wenigen Berichten, welche aus politischer Sicht Bezug auf das Heilige Jahr oder den *Camino* nehmen, fällt auf, dass es sich bei den Protagonisten stets um einzelne Politiker handelt.[144] Insbesondere lässt sich in den Artikeln rund um den Besuch des Papstes Anfang November 2010 beobachten, dass sich *El País* vorrangig auf die Mitglieder der Galicischen Regierung und dabei insbesondere auf zwei Personen konzentriert: Wiederholt werden bei der Auswertung des Papstbesuches in Santiago de Compostela entweder der Präsident der *Xunta de Galicia* Alberto Nuñez Feijóo oder der Ministerpräsident Galiciens Alfonso Rueda zitiert. Sowohl Fejóo als auch Rueda gestehen ein, dass die Erwartungen der Regierung einer Steigerung des Umsatzes an diesem Tag nicht erfüllt wurden. Rueda verweist zwar darauf, dass die endgültigen Ergebnisse

---

[142] Ebd. 667
[143] Ebd.
[144] Und nicht etwa um Parteien, politische Organisationen oder Institutionen

und Folgen noch abzuwarten seien, dennoch betont er immer wieder, dass der *Xacobeo* 2010 in seiner Gesamtheit in jedem Fall als Erfolg anzusehen sei.[145]

Neben dem Besuch Benedikts XVI. bilden für *El País* jedoch weitere Ereignisse im Rahmen des *Xacobeo* Themen, welche in einem politischen Horizont zu verorten sind. So berichtet beispielsweise ein Artikel davon wie der Präsident der *Generalidad Valenciana* Francisco Camps zusammen mit dem Präsidenten der *Xunta* de Galicia Alberto Nuñez Feijóo im Rahmen des *Xacobeo* einen Teil des Jakobsweges lief. Der Artikel konzentriert sich vornehmlich auf Francisco Camps und wirkt wie eine Art Portrait über den Politiker. Die Überschrift des Artikels „{c]atólico, espanol y peregrino"[146] lässt eingangs jedoch nicht vermuten, dass damit der valencianische Präsident beschrieben werden soll. Es wirkt vielmehr wie eine Aneinanderreihung von Schlagwörtern, welche einen typischen Spanier charakterisieren sollen. Obwohl *El País* Sympathien zur sozialistischen Regierung hegt[147], wird hier ein Abgeordneter der Partido Popular mit traditionellen spanischen Attributen charakterisiert. Als zutiefst religiös und fromm wird Camps Verhalten am Ziel des *Camino* dargestellt. In der Compostelaner Kathedrale angekommen, hält er Andacht und leistet Fürbitte an den Hl. Jacobus. Der Artikel gibt das Gebet Camps wortgetreu wieder. In diesem bittet der Politiker den Apostel u.a. um mehr Arbeitsplätze und mehr Wohlstand für Valencia und ganz Spanien.[148] Dieser Aspekt verdeutlicht wie hierbei Religion und Politik miteinander verbunden werden: Unter höchster medialer Präsenz beschreitet Camps an der Seite eines prominenten Politikers aus scheinbar religiösen Motiven heraus als Pilger den Jakobsweg. Die Fürbitte des valencianischen Präsidenten in der Kathedrale erinnert stark an die der Könige im Mittelalter, welche den Apostel um Beistand bei ihren politischen Unternehmungen baten. Camps ruft den Heiligen als „[...] patrón de España"[149] im Namen aller Spanier an. Damit unterstreicht er nicht nur die Patronatsstellung des Hl. Jacobus in Spanien, sondern er schreibt ihm als Patron auch eine identitätsstiftende Funktion zu. An dieser Stelle gilt es auf ein Detail aufmerksam zu machen: Im selbigen Artikel geht an anderer Stelle hervor, dass in naher Zukunft Wahlen in Valencia anstehen.[150]

---

[145] http://www.elpais.com/articulo/Galicia/visita/Papa/reunio/apenas/30000/visitantes/Santiago/elpepiautgal/20101109elpgal_3/Tes

[146] http://www.elpais.com/articulo/Comunidad/Valenciana/Catolico/espanol/peregrino/elpepiespval/20100807elpval_6/Tes

[147] Herzog, W.; 1998: 143

[148] http://www.elpais.com/articulo/Comunidad/Valenciana/Catolico/espanol/peregrino/elpepiespval/20100807elpval_6/Tes

[149] Ebd.

[150] Ebd.

41

## 3.4 Fortschreitende Kommerzialisierungstendenzen

Zahlreiche Artikel der *El País* über den *Xacobeo* nehmen Bezug auf die wirtschaftlichen Situation Galiciens. Angesichts der Betonung einer Rekordzahl an Pilgern werden in mehreren Artikeln die Auswirkungen des Pilgeransturms auf die Wirtschaft Galiciens näher beleuchtet. Um diese darzulegen, beziehen sich die Redakteure auch hier wieder vornehmlich auf die Stellungnahme der Regierung, wobei sich vorrangig Feijóo und Rueda zum Thema äußern. Mehrfach heben die beiden Vertreter der *Xunta* den Erfolg des *Xacobeo* 2010 hervor und betonen, dass die daran geknüpften Erwartungen bei weitem übertroffen wurden. Es ist vor Allem *Xunta*-Präsident Feijóo, der den *Xacobeo* 2010 mit einem wirtschaftlichen Aufschwung Galiciens in Verbindung bringt. So wird des Öfteren die Hoffnung Feijóos zitiert den *Xacobeo* und den damit einhergehenden touristischen Aufschwung bis ins Jahr 2011 hinein verlängern zu können.[151] Interessant erscheint dabei die Tatsache, dass Feijóo stets von „[...] turistas que llegan a Galicia [...]"[152] spricht. Entgegen der Vermutung, Feijóo setze damit die Pilger des Jakobsweges mit den Urlaubern in Galicien gleich geht aus anderen Artikeln hervor, dass die *Xunta* innerhalb ihrer Vermarktungsstrategien diese beiden Touristentypen voneinander unterscheidet. Durchaus wird der Hauptanteil der Touristen in den „peregrinos" wiedererkannt und der Status Santiagos als wichtigsten Ort der Pilger bekräftigt. So berichtet *El País* im August 2010 über die Eröffnung eines neuen und größeren Pilgerbüros in Santiago de Compostela, welches mehr Effizienz bei der Vermittlung von Pilgerreisen und kürzere Wartezeiten verspricht.[153] Neben den Pilgern behält die *Xunta* jedoch auch die Urlauber im Blick. Mehr und mehr wird in touristische Anlagen, wie etwa Thermalbäder und Spas investiert.[154] Offenbar erhofft man sich dadurch die Anziehungskraft Galiciens als Urlaubsort zu verstärken. Auf weitere Entwicklungen Galiciens und insbesondere Santiagos zu einem touristischen Angebot macht *El País* in einem Artikel vom 20. August 2010 aufmerksam. In diesem beobachtet der Redakteur die steigende Zahl von Geschäften in Santiago de Compostela, welche sich auf den Verkauf von Souvenirs spezialisiert haben. Bereits mit der polemischen Überschrift „El turismo cambia la cara de la vieja Compostela"[155] wird angesichts der Kommerzialisierung ein Identitätsverlust der Compostelaner angedeutet. In einer dramatisierenden Art und Weise schildert der Autor des Artikels die Schließung eines seit 1872 bestehenden Buchladens und die gleichzeitige Eröffnung

---

[151] Z.b. http://www.elpais.com/articulo/Galicia/Xacobeo/eleva/expectativas/visitantes/elpepiautgal/20100805elpgal_11/Tes
[152] Ebd.
[153] Ebd.
[154] Ebd.
[155] http://www.elpais.com/articulo/Galicia/turismo/cambia/cara/vieja/Compostela/elpepiautgal/20100820elpgal_13/Tes

eines Geschäfts, welches einzig Sonnenhüte für Pilger anbietet. Derartige Entwicklungen der Kommerzialisierung scheinen sich auch zukünftig abzuzeichnen: Feijóo bittet die spanische Zentralregierung darum, die steuerlichen Sonderregelungen innerhalb des *Xacobeo* auch im Jahr 2011 fortzuführen zu können, da er das dadurch eingesparte Geld in die Kultur und in das kommende Heilige Jahr investieren will.[156] Vermehrt fallen in dieser Verbindung die Begriffe „beneficios turísticos"[157] und „efectos económicos del *Xacobeo*"[158]. Dabei werden die ökonomischen Auswirkungen des *Xacobeo* von den Vertretern der *Xunta* nicht nur in jeder Situation als positiv bewertet sondern der *Xacobeo* wird von ihnen als eine Art kommerziell rentables Produkt Spaniens dargestellt. Das wirtschaftliche Interesse, welches der *Xacobeo* weckt, verdeutlicht *El País* mitunter dadurch, dass sie auf die große Menge der Werbeagenturen aufmerksam macht, welche sich bei der *Xunta* beworben haben. Explizit gibt der Autor eines Artikels zu verstehen: „Que el Ano Santo es un fenómeno muy enfocado en Compostela es más que una realidad"[159].

*El País* legt eindeutig den Fokus auf die ökonomischen Auswirkungen des *Xacobeo*. Dies scheint nachvollziehbar angesichts der Tatsache, dass sich der überwiegende Teil der Leserschaft aus Ökonomen und Unternehmern zusammensetzt.[160]

## 3.5 Der Jakobsweg als europäisches Kulturgut

Unzählige Verweise auf kulturelle Veranstaltungen im Rahmen des *Xacobeo* finden sich über das ganze Jahr hin verteilt. Diese beschränken sich jedoch nicht nur auf Santiago de Compostela sondern auch andere Ortschaften Galiciens beteiligen sich an dem Festprogramm. Fernerhin werden in mehreren Artikeln Institutionen oder Personen erwähnt, welche auf freiwilliger Basis an der Durchführung des *Xacobeo* mitarbeiten. Die zahlreichen namentlichen Erwähnungen verschiedener mitwirkenden europäischen Jacobus-Vereinigungen verdeutlicht zudem das Interesse Europas am Jakobsweg. Obwohl ihr Augenmerk scheinbar auf den ökonomischen Auswirkungen des *Xacobeo* liegt, verweist *El País* jedoch auch auf die kulturelle Bedeutung des Jakobsweges. So wird in einem Artikel auf die Wurzeln des *Camino* als europäische Kulturstraße eingegangen, welche laut der Kulturförderin Adeline Rucquoi im Mittelalter zu finden seien. Rucquoi erklärt, der *Camino* sei im Elften und 12. Jahrhundert gefördert worden, da man hoffte die Pilger ließen sich entlang des Weges nieder. Sie liest im

---
[156] http://www.elpais.com/articulo/Galicia/Viene/Papa/elpepiautgal/20100926elpgal_7/Tes
[157] Ebd.
[158] Ebd.
[159] http://www.elpais.com/articulo/Galicia/trafico/aereo/cae/Peinador/pese/Xacobeo/elpepiautgal/20100710elpgal_4/Tes
[160] Herzog, W.; 1998: 143

mittelalterlichen Geschehen den gegenwärtigen Aufschwung des *Camino*, denn bereits im *Edad Media* hätten sich die Leute aus Furcht in den Glauben geflüchtet. In der heutigen Zeit klammere man sich wieder zunehmend an irgendeinen Glauben und man begebe sich auf eine rein geistige Suche.[161] Die kulturelle Bedeutung des *Camino* als Pilgerweg wird nicht nur auf Spanien oder Galicien begrenzt sondern stellt für den Redakteur des Artikels ein europaweites Phänomen dar.[162] Davon zeugt auch ein weiterer Bericht, welcher im Oktober 2010 eine massive Beschäftigung mit dem Wesen der Pilgerfahrt einräumt. Der Artikel berichtet zunächst von einer Ausstellung, welche das Verhältnis von Compostela und Europa und dessen Ausgestaltung unter Diego Gelmírez thematisiert. Fast zeitgleich findet im Rahmen des *VIII. Congreso Internacional de Estudios Jacobeos* eine Debatte über das Thema „peregrino globales, paz y turismo"[163] statt. Dabei werden die Pilgerfahrten der Christenheit allgemeinhin als globale Phänomene bezeichnet. Die Reliquien, welche dabei verehrt werden, gelten sowohl als Ressource des Friedens und der Ruhe als auch gleichzeitig als ein Auslöser für Konflikte und Kriege. Die Debatte um die Pilgerfahrten führt der Autor fort, indem er auf die historische Entwicklung des Jakobswegs und –kultes eingeht. Dabei bezieht er sich vornehmlich auf die Santiago-Wallfahrt und verweist gleichermaßen auf historische Quellen wie etwa den *Codex Kalixtinus* aus dem 12. Jahrhundert wie auch auf gegenwärtige Institutionen, welche den *Camino* einer rein wissenschaftlichen Betrachtung unterziehen. Als sich Feijóo zum Thema „Pilgerfahrten" äußerte, verzichtete er auf jegliche wissenschaftliche Termini, sondern lenkte die Aufmerksamkeit auf den traditionell-religiösen Aspekt der Wallfahrt, denn in dieser „[...] no hay ignorancia ni superstición, sólo nostalgia del absoluto [...]." [164]

## 3.6 Die religiöse Bedeutung des *Xacobeo* in Europa

Verhältnismäßig wenige Artikel der *El País* widmen sich der Ankunft Papst Benedikts XVI. Anfang November in Spanien. Obwohl der Papst auch Barcelona bereiste, berichtet der überwiegende Teil der Artikel über seinen Besuch in Santiago de Compostela. Mitunter könnte dies darin begründet sein, dass seit über 20 Jahren kein Papst die Autonome Region Galicien besucht hat.[165] In der gedruckten Ausgabe vom 7. November 2010 füllen die Berichte über die päpstliche Ankunft in der Apostelstadt mehrere Seiten. Insgesamt fünf Fotos Benedikts XVI. im Din-A5 Format rahmen die einzelnen Artikel ein. Die Berichte sind durchzogen von einzeln

---

[161] 20100821elpgal_13/Tes
[162] Ebd.
[163] http://www.elpais.com/arthttp://www.elpais.com/articulo/Galicia/Peregrinos/vagabundos/elpepiautgal/iculo/Galicia/Peregrinos/globales/paz/turismo/debate/Santiago/elpepiautgal/20101014elpgal_14/Tes
[164] Ebd.
[165] Siehe: http://www.elmundo.es/elmundo/2010/11/07/galicia/1289090041.html

zitierten Reden des Papstes. Im Zentrum steht dabei die Rede in der Kathedrale von Santiago, welche von mehreren Millionen Zuschauern vor dem Fernsehbildschirm verfolgt wurde. In Anwesenheit des spanischen Königspaares kritisierte Benedikt XVI. dabei öffentlich „[...] que en España nació una laicidad, un secularismo fuerte y agresivo, como vimos en los anos treinta."[166] Der Glaube an die Katholische Kirche und an Gott verliere mehr und mehr an Bedeutung. Dies gelte jedoch nicht nur für Spanien sondern für ganz Europa. Eben dieser Aspekt ist es, welcher alle Reden des Papstes durchzieht: Der Laizismus als ein gesamteuropäisches Problem. Die Wiederkehr des Glaubens in Europa sei das Ziel, welches auch die Politik Spaniens zu verfolgen hätte.[167] Was in diesem Zusammenhang auffällt, ist das Fehlen jeglicher Stellungnahmen Zapateros oder des spanischen Königspaares zu den Vorwürfen. Das Schweigen des Königs Juan Carlos erklärt sich mitunter aus seiner politischen Funktion. Als Repräsentant eines katholisch geprägten Landes scheint es ratsam dem Oberhaupt der Katholischen Kirche nicht zu widersprechen. Ähnlich mag es bei Zapatero der Fall sein. Spanien ist bei der Vermarktung des Jakobsweges darauf angewiesen, dass dessen religiöse und historische Bedeutung erhalten bleibt und vergegenwärtigt wird. Dies kann jedoch allein die Katholische Kirche gewährleisten und fördern, da sie den Zugang zur Christenheit Europas ermöglicht: Bereits zu Beginn des Jahres 2010 hielt Benedikt XVI. eine Rede im Vatikan, in welcher er die Menschen zu einer Pilgerfahrt nach Santiago de Compostela aufrief. Seit mehreren Jahrhunderten würden Pilger die Compostelaner Kathedrale besuchen, da sie sich auf die Suche nach „la luz de la fe y la gracia del perdón" begeben.[168] Auf den traditionellen Aspekt des *Camino* als Pilgerweg geht der Papst auch in anderen Artikeln der *El País* ein. So spricht er u.a. davon, dass „[...] en el *Camino de Santiago* está la idea del peregrinaje, que según dijo está en su biografía, fue clave en la fundación del continente europeo y ayuda a no perder el *Camino* de la fe."[169] In den Reden des Papstes sehen die Journalisten der *El País* eine Art [...] reflexión sobre la Europa que peregrinó a Compostela [...]"[170] und unterstreichen damit einmal mehr die Funktion des Jakobsweges als verbindendes Element zwischen Spanien und dem restlichen Europa. Die Kirche wird in *El País* als ein aktives Mitglied an der Durchführung des *Xacobeo* dargestellt, welche dem Festprogramm eine religiöse Note verleiht. So hat sie etwa für das Heilige Jahr ein eigenes Maskottchen kreiert, welches laut den klerikalen

---

[166] El País; 7.11.10 S. 14
[167] Ebd.
[168] http://www.elpais.com/articulo/Galicia/Benedicto/XVI/anima/peregrinar/Santiago/elpepiautgal/20100104elpgal_8/Tes
[169] El País; 7.11.10 S. 15
[170] Ebd.

Sprechern optisch an die „[...] antiguos caminantes a Santiago [...]"[171] erinnern und symbolisch für „[...] la esperanza, la vida y el compromiso social [...]"[172] stehen soll. Obwohl eindeutige Positionen der Katholischen Kirche gegenüber der Vermarktung des *Xacobeo* fehlen, lässt sich im Mitwirken der Kirche durchaus ein Hinweis auf ein tolerierendes Verhalten finden.

## 3.7 Zusammenfassung: Das Spanienbild in *El País*

Obwohl einige der Redakteure der *El País* darum bemüht sind den Jakobsweg und den *Xacobeo* mit all seinen positiven und kritikwürdigen Eigenschaften als gesamteuropäische Phänomene darzustellen, weisen die Mehrzahl der Artikel eine Berichterstattung auf ausschließlich nationaler Ebene auf. Eine Erklärung findet sich in dem Umgang Spaniens mit dem „Fremden":

„Der Umgang mit dem Fremden,[...], fördert in aller Regel die verstärkte Betonung des Eigenen."[173]

Die fortschreitende Vermarktung des *Xacobeo* und des Jakobsweges haben unlängst zu europäischen Kulturphänomenen und Identifikationssymbolen ausgeformt und spätestens seit dem Beitritt Spaniens in die Europäische Union (EU) gilt Europa nicht länger als das „Fremde". Während *El País* 1997 seinen Lesern noch mit Stolz Spanien als wichtiges Bestandteil der EU vorführte, scheinen in den derzeitigen Berichten die einstigen Parolen des „Mehr Europa"[174] allmählich zu verstummen. Spanien hat sich gegenwärtig als integrativer und nicht mehr weg zu denkender Bestandteil der EU etabliert. Dabei scheint jedoch die eigene nationale Identität immer mehr verloren zu gehen. *El País* zeigt sich ambivalent in ihrer Einstellung gegenüber dem Ausbau des *Xacobeo* und des Jakobsweges zu europäischen Phänomenen: Obwohl der Jakobsweg als Teil der europäischen Geschichte gilt, scheinen die Redakteure über ihn eine Erinnerung an die traditionellen spanischen Werte gestalten zu wollen. An die religiöse Bedeutung des *Camino* wird ebenso erinnert wie Politiker als Repräsentanten Spaniens mit „typischen" Charaktereigenschaften eines Spaniers attribuiert werden, womit ferner eine vermeintliche Einheit von Religion und Politik demonstriert wird. Auf der anderen Seite gestalten sich *Xacobeo* und Jakobsweg zu lukrativen ökonomischen Produkten für Spanien allein aufgrund ihrer Vermarktung in Europa und der Verbindung von Tradition und Innovation.

---

[171] http://www.elpais.com/articulo/Galicia/Iglesia/crea/propia/mascota/Xacobeo/elpepiautgal/20100608elpgal_10/Tes
[172] Ebd.
[173] Discherl, K.; Barro, A.; 1998: 431
[174] Discherl, K.; Barro, A.; 1998: 431

Vielfach wird über den *Xacobeo* im Zusammenhang mit „Europäität" gesprochen, was sich aus der Nähe der Tageszeitung zur sozialistischen Regierung und ihrer Europa zugewandten Politik herleiten lässt. Dennoch entsteht in den Berichten der *El País* ein widersprüchliches Bild Spaniens: Mit dem Jakobsweg und dem *Xacobeo* wird sowohl eine spanische als auch eine europäische Identität gestiftet. Beide verfolgen unterschiedliche Ziele, denn während die Konstitution einer europäischen Identität einen Nutzen für die Wirtschaft Spaniens mit sich bringt, soll die spanische Identität Sicherheit im Umgang mit dem „Anderen" geben und das „Eigene" unterstreichen.

# 4.0 El Mundo

Die 1989 gegründete und in Madrid ansässige *El Mundo* gilt als die zweitbedeutendste Tageszeitung, welche die Presselandschaft Spaniens prägt. Da sie der *Partido Popular* (PP) besonders nahe steht, wird sie als politisch und wirtschaftlich rechtskonservativ eingestuft.[175] *El Mundo* wird von dem spanischen Medienkonzern *Unidad Editorial* herausgegeben. Laut D. Nohlen zeichne sie sich „[...] durch eine besondere Qualität der formalen Gestaltung aus und wird vor allem von jungen Personen, höheren Angestellten und in der Wirtschaft Tätigen gelesen."[176] J.-P. Castellani sieht den Hauptgrund des Erfolges der *El Mundo* darin, dass sie sich deutlich von anderen spanischen Tageszeitungen differenziert. Zwar weise *El Mundo* Merkmale einer Qualitätszeitung auf, aber im Gegensatz zu *El País* etwa veröffentliche *El Mundo* aggressive Informationen im politischen Bereich und verfolge „[...] breit angelegte Feldzüge gegen die Korruption in Politik, Finanz oder Justiz."[177] Sie situiere sich in ständiger Gegnerschaft zu den amtierenden Sozialisten und nimmt dadurch den Status als kritische Stimme gegenüber der Regierung ein.[178]

## 4.1 Unidad Editorial

Interessant erscheint eine nähere Betrachtung der *Unidad Editorial* aufgrund des Chefredakteurs Pedro J. Ramírez, welcher in dieser Mediengruppe *El Mundo* herausgibt. J.-P. Castellani weiß über Ramírez Folgendes zu berichten:

„Dieser auffällige Zeitungsmacher war bei Francos Tod 23 Jahre alt, ist ein ehrgeiziger und genauer Journalist, der in den USA seine Lehrjahre durchlief und von Ben Bradlees Enthüllungen bei der Washington Post [...] tief beeindruckt wurde."[179]

Ramírez war somit bereits seit seinen Anfängen von einer gewissen journalistischen Sensationsneugier geprägt. Jene lässt sich auch gegenwärtig aus der Art der Berichterstattungen herauslesen.

---

[175] Herzog, W.; 1998 : 143
[176] Nohlen, D., Hildenbrand, A.; 2005: 235
„El Mundo war die erste Tageszeitung, die intensiv und systematisch die neue und durch den Amerikaner Jeff goertzen eingeführte Technik der Infographie in Spanien einsetzte. So wie in den 70er und 80er Jahren die Leser von hervorragenden typographischen Layout von *El País* beeindruckt waren,„[...], gefielen die neuen Infographien, die spanische Spezialisten unter amerikanischer Anleitung für *El Mundo* entwarfen, dem jungen Publikum besonders gut." Ebd.
[177] Castellani, J.-P.; 2004 : 672
[178] Ebd.
[179] Ebd. 671

## 4.2 Allgmeine Aspekte der Berichterstattung in *El Mundo*

Quantitativ unterscheidet sich *El Mundo* gegenüber der *El País* dadurch, dass sie zahlenmäßig weitaus mehr Berichte über den *Xacobeo* veröffentlichte, welche in der Regel auch länger sind. Qualitativ zeichnet sich die Berichterstattung von *El Mundo* in erster Linie dadurch aus, dass zur Mehrzahl der Berichte über den *Xacobeo* Zahlen und Statistiken vorgelegt werden, die dem gesamten Ereignis zwar einen bildlichen aber dennoch einen abstrakten Rahmen geben. *El Mundo* konzentriert sich sehr darauf kritische Stimmen zum *Xacobeo* zu sammeln und in den Vordergrund zu stellen. Im Gegensatz zu *El País* sind die Quellen bei *El Mundo* jedoch nicht durch Einseitigkeit gekennzeichnet. Kulturförderer, Privatpersonen, Organisationsmitglieder und Sportler werden ebenso zitiert wie Politiker, Kirchenvertreter und Ökonomen. *El Mundo* bringt scheinbar Alles in Verbindung mit dem *Xacobeo*. Selbst Artikel über Dopingvorfälle beim Radsport, über Wirtschaftsbetrug oder sprachwissenschaftliche Diskussionen nehmen unterschwellig Bezug auf die Feier des Heiligen Jahres.[180] Jedes Ereignis, das in irgendeiner Verbindung zum *Xacobeo* steht, wird zu einer kleinen Sensation ausgebaut. Insofern trägt *El Mundo* Züge einer Boulevardpresse.

Ein zentrales Thema scheint für *El Mundo* der Besuch Papst Benedikts XVI. zu sein. Obwohl der Papst sowohl Santiago de Compostela als auch Barcelona besuchte, legt auch sie bei ihrer Berichterstattung den Fokus eindeutig auf die Ereignisse in der Apostelstadt. *El Mundo* stellt deutlich die Wichtigkeit dieses Events heraus, indem darauf verwiesen wird, dass es sich um den ersten Papstbesuch in Galicien nach über 20 Jahren handelt.[181] Ebenso wie in der *El País* verweisen zahlreiche Artikel der *El Mundo* auf die Pilgerflut anlässlich des *Xacobeo*: Mit „No hay reposo para el peregrino en el *Camino de Santiago*"[182] deutet bereits eine Überschrift in einer übertriebenen Art an, dass der im Jahr 2010 stattfindende *Xacobeo* definitiv ein außergewöhnliches Ereignis darstellt. *El Mundo* berichtet sowohl über die positiven als auch die negativen Aspekte des *Xacobeo*.

## 4.3 Spanien und der *Xacobeo* im Fokus Europas

In zahlreichen Artikeln werden der *Xacobeo* und der Jakobsweg im Zusammenhang mit politischen Unternehmungen oder Entscheidungen der Galicischen Regierung thematisiert. Besondere Aufmerksamkeit widmet *El Mundo* dabei dem Papstbesuch in Santiago im

---

[180] Oft wird in diesen Artikeln nur am Rande erwähnt, dass man sich gerade im Festjahr des Xacobeo 2010 befindet.
[181] Siehe: http://www.elmundo.es/elmundo/2010/11/07/galicia/1289090041.html
[182] http://www.elmundo.es/elmundo/2010/07/22/galicia/1279823995.html

Allgemeinen und seinen Folgen im Speziellen. Die enttäuschten Erwartungen angesichts der schwachen Besucherzahlen am 6. November 2010 bieten scheinbar Anlass zu Diskussionen, welche *El Mundo* vorrangig innerhalb des Galicischen Parlaments lokalisiert. Viele Artikel spiegelten im Vorfeld die positiven Prognosen von Politikern und Ökonomen des päpstlichen Besuches wider. Die Regierung wollte mit dem 6. November an den allgemeinen Erfolg des *Xacobeo* anknüpfen und setzte alle Hoffnungen daran, dass sich dieses Event sowohl auf die Galicische Wirtschaft als auch das Tourismusgewerbe positiv auswirkt. *El Mundo* bauscht die Diskussionen zu einer grundlegenden politischen Debatte auf: In einigen Artikeln wird zunächst der Stolz des Galicischen Ministerpräsidenten Alfonso Rueda hervorgehoben, dessen Ansicht nach allein die Durchführung des Events als ein Erfolg anzusehen sei. Angesichts der 150 Mio. Zuschauer, die den Papstbesuch auf dem Bildschirm verfolgten, sei es Santiago de Compostela gelungen für einen Tag „[...] la capital de planeta"[183] zu sein. Nur verhalten und mit knappen Worten äußert sich Rueda zu dem ökomischen Mißerfolg an diesem Tag. Vielmehr bewertet er den päpstlichen Besuch als „espaldarazo definitivo [...] en la proyección internacional del *Camino de Santiago* y de Galicia [...]"[184]. Er lenkt die Aufmerksamkeit auf die erfolgreiche Steigerung der Popularität Santiagos durch die Anwesenheit Benedikts XVI. und verkauft diese Tatsache als politische Erfolgsstrategie der *Xunta de Galicia:*

„Galicia tuvo una oportunidad con la visita del Papa y la aprovechó."[185]

Auch der Präsident der *Xunta* Alberto Nuñez Feijóo spricht seine Freude über die weltweite Aufmerksamkeit aus. Das Augenmerk der ganzen Welt sieht er im Gegensatz zu Rueda an diesem Tag jedoch nicht auf Santiago de Compostela sondern auf ganz Galicien gerichtet:

„Hoy *el mundo* estuvo en Galicia."[186]

Dieser durchweg positiven Bewertung des päpstlichen Besuches werden in *El Mundo* auch kritische Stimmen aus dem Tourismussektor und der Politik gegenübergestellt: So bestätigen sowohl Hotelmanager als auch Angestellte des Verkehrsamtes, dass der Besucherandrang bei Weitem nicht so groß wie erhofft war. Auch Gastronomen und Souvenirverkäufer verbuchten nicht mehr Umsatz als üblich. Rueda räumt erst einige Tage später ein, dass der Besuch

---

[183] http://www.elmundo.es/elmundo/2010/11/09/galicia/1289329179.html
[184] Ebd.
[185] http://www.elmundo.es/elmundo/2010/11/09/galicia/1289329179.html
[186] http://www.elmundo.es/elmundo/2010/11/06/galicia/1289079427.html

Benedikts XVI. ein wirtschaftliches Fiasko darstellt. Detailliert werden die Kosten wiedergegeben, welche den ökonomischen Misserfolg beziffern. Den Ausführungen Feijóos und Ruedas stellt *El Mundo* außerdem die Ansichten der Opposition gegenüber: Für die Anhänger des BNG war der Besuch Benedikts XVI. nicht mehr als „[...] una fecha histórica por el fracaso de la *Xunta*."[187] Sie werfen Feijóo eine Verschwendung von öffentlichen Geldern vor, denn schließlich habe Galicien dieser Besuch mehrere Millionen Euro gekostet. Überdies werde der religiöse Bezug Santiagos zum Hl. Jacobus durch die Aufbereitung eines Spektakels ebenso verweltlicht wie die historischen, kulturellen und sprachlichen Besitztümer Galiciens ausgeblendet werden. Der BNG unterstellt der PPdeG nicht nur den Versuch den Papstbesuch zu instrumentalisieren sondern gleichzeitig einen ökonomischen Betrug zu begehen, da die Regierung rund vier Mio. Euro mit dem Versprechen eines rentablen Events eingefordert hatte. Letztlich waren es jedoch nur rund 200.000 Touristen, die dem Besuch des Papstes in Santiago beiwohnten. Die PPdeG reagiert auf diese Kritik mit dem Vorwurf die BNG selbst hätte allein rund drei Mio. Euro für den Fussballsport ausgegeben. Darüber hinaus unterstreicht Fejóo in mehreren Interviews, dass sich im Heiligen Jahr 2010 angesichts einer Rekordzahl an Touristen durchaus ein allgemeiner Erfolg eingestellt habe.[188] Entgegen den Betonungen Feijóos stellt *El Mundo* in einem anderen Artikel heraus, dass die Arbeitslosigkeit in Galicien weiter voran schreitet und sich die wirtschaftliche Lage des Landes allgemeinhin verschlechtert.[189] Der Vorsitzende der sozialistischen Partei Galiciens (PSdeG) Manuel „Patxi" Vázquez greift sogar die Regierung Feijóos öffentlich an und negiert den positiven Effekt des *Xacobeo*:

„Engañarnos a nosotros mismos con elementos coyunturales como el *Xacobeo* es una falacia. No hay efectos milagrosos."[190]

Offenbar unterstellt Vázquez der Regierung mit den ökonomischen Auswirkungen des *Xacobeo* einen Versuch sich selbst und andere über eventuelle politische Probleme hinwegzutäuschen. *El Mundo* lässt den Papstbesuch eindeutig zu einer politischen Diskussion auflaufen und verleiht dem ganzen einen sensationalistischen Charakter. Obwohl sich die Berichterstattung dadurch auszeichnet, dass beide Sichtweisen innerhalb des Galicischen Parlaments wiedergegeben werden, konnotiert *El Mundo* des Papstes bzw. dessen Konsequenzen negativ.

---

[187] http://www.elmundo.es/elmundo/2010/11/09/galicia/1289329179.html
[188] http://www.elmundo.es/elmundo/2010/11/09/galicia/1289329179.html
[189] http://www.elmundo.es/elmundo/2010/12/13/galicia/1292240209.html
[190] Ebd.

## 4.4 Der *Xacobeo* – eine galicische oder spanische Angelegenheit?

Auffällig oft wird über Pilgerfahrten berichtet, welche von spanischen Politikern, Prominenten oder einzelnen Organisationen im Rahmen des *Xacobeo* unternommen wurden. Allen gemein ist die Tatsache, dass der Weg immer innerhalb der spanischen Landesgrenzen und nie darüber hinaus angetreten wurde. Die für einen Pilger, um als solcher bezeichnet zu werden, obligatorischen Einhundert Kilometer vor Santiago de Compostela[191], wurden dabei von den Wenigsten zu Fuß zurückgelegt. Der Zielpunkt war jedoch in fast jedem Fall die Compostelaner Kathedrale und das in ihr beherbergte Grab des Hl. Jacobus. Es sind vor Allem die Berichte über die Pilgerfahrt verschiedener spanischer Politiker, aus denen hervor geht, dass diese unter höchster medialer Präsenz stattfanden und meist mit einem aktuell politischen Thema verbunden waren.

Am 9. Oktober 2010 liefen zeitgleich mehrere Abgeordnete und Senatoren der PP und der PSOE „[...] de toda España [...]"[192] mit ihrer jeweiligen Gruppe einen Teil des Jakobsweges. Laut der Aussage der PP-Abgeordneten Àngeles Vázquez wusste man im Vorfeld über die Pilgerfahrt der PSOE nicht Bescheid. Die genauen Gründe der angetretenen Wallfahrten gehen aus dem Artikel nicht hervor. Stattdessen wird von der Ankunft beider Parteien in Santiago berichtet, wobei in anschließenden Gesprächen über „[...] abiertas diferencias sobre el apoyo que el Gobierno socialista muestra a la celebración del *Xacobeo* de 2010"[193] diskutiert wurde. Die PP prangert nicht nur die Abwesenheit Zapateros bei den Festivitäten des *Xacobeo*[194] an sondern klagt auch über die mangelnde Unterstützung der Zentralregierung Spaniens bei der Durchführung des Heiligen Jahres 2010. Obwohl der PSOE-Abgeordnete Félix Larrosa zunächst alle Vorwürfe der PP von sich und seiner Partei wies, gestand er ein, dass Zapatero „[...] un hombre bastante imprevisible [...]"[195] sei. Auf die Notwendigkeit der staatlichen Unterstützung des *Xacobeo* wurde bereits in einem Artikel vom 21. September 2010 verwiesen. Darin forderten die autonomen Parlamente Spaniens im Rahmen der *Conferencia de Asambleas Legislativas Regionales de Europa (CALRE)* aber nicht nur eine permanente Förderung des *Xacobeo* seitens der staatlichen Institutionen sondern auch „[...] la vigencia de los valores que el hecho jacobeo representa en la historia de España y Europa".[196] Den *Xacobeo* als Symbol für "[...] espiritualidad, cosmopolitismo, europeísmo y respeto a diferentes

---

[191] http://www.vuelta.de/wanderreisen/jakobsweg/wandern-individuell/all.html
[192] http://www.elmundo.es/elmundo/2010/10/09/galicia/1286624655.html
[193] Ebd.
[194] Der Präsident der spanischen Zentralregierung José Luis Rodríguez Zapatero trat nur am 6.11.2010 öffentlich in Santiago de Compostela auf um Papst Benedikt XVI. zu empfangen
[195] http://www.elmundo.es/elmundo/2010/10/09/galicia/1286624655.html
[196] http://www.elmundo.es/elmundo/2010/09/20/galicia/1284998488.html

sensibilidades, culturas y religiones"[197] gelte es zu fördern und zu erhalten. Bereits zwei Tage vor der Pilgerfahrt kam es zwischen der PPdeG und der PSOE zu Streitigkeiten, welche das *Año Xacobeo* 2010 im Allgemeinen betrafen. Dabei richtete Alberto Nuñez Feijóo das Wort an den Präsidenten der spanischen Zentralregierung José L. R. Zapatero und warf ihm hingegen vor: „El gobierno desconoce que el *Xacobeo* se está celebrando en Galicia."[198] Kritisch steht Feijóo auch der Entscheidung Zapateros gegenüber, wonach das Programm des *Xacobeo* offiziell in Asturien beendet werden soll. Sowohl die PPdeG als auch der BNG protestierten gegen dieses Vorhaben, da ihrer Ansicht nach das einzig zulässige Ende des Año Xacobeo mit der Schließung der Heiligen Tür in der Kathedrale von Santiago de Compostela am 31.12 einhergehe. Zapateros Entscheidung erscheine in den Augen des Stimmführers der PPdeg Manuel Ruíz Rivas „[...] difícil de entender para un gallego."[199] Seiner Ansicht nach verstehe die spanische Regierung nicht, dass der *Xacobeo* in Galicien ein entscheidendes Element im Wiederaufbau der Wirtschaft darstellt. Aus diesem Grund sieht man offenbar die Entscheidung Zapateros als Fehler an. Zapatero wies jede Beschuldigung von sich und versicherte nachdrücklich, dass man Galicien die Protagonistenrolle im Heiligen Jahr nicht abzusprechen versucht.[200] Den Ausgangspunkt der Diskussionen bildeten die offiziellen Mitteilungen der spanischen Regierung, wonach die Festivitäten des *Xacobeo* in Roncesvalles beginnen und in Asturien enden würden. Das eigentliche Epizentrum des Ganzen sei laut Feijóo jedoch Galicien. In die Diskussionen beider Parteien involviert *El Mundo* die Vertreter des Kultusministerium um den *Consejo Xacobeo*. Diese halten fest, dass man nie davon sprach, Galicien die Protagonistenrolle beim *Xacobeo* 2010 übernehmen zu lassen. Asturien habe auch in Zusammenarbeit mit anderen Gemeinschaften entlang des Jakobsweges Möglichkeiten ausgearbeitet, „[...] al tratarse del territorio en el que históricamente nació el *Camino de Santiago* con las peregrinaciones organizadas por el rey Alfonso II el Casto a la tumba del Apóstol."[201] Die meisten historischen Routenabschnitte würden eben durch Asturien und nicht ausschließlich durch Galicien verlaufen.[202] Das Verhalten der konservativen PPdeG erscheint widersprüchlich: Obwohl man die spanische Zentralregierung um finanzielle Unterstützung bittet, soll sie keinen Einfluss auf die Durchführung des *Xacobeo* nehmen. Die *Xunta* zeigt sich international, wenn es um das Programmangebot geht und politisch konservativ, wenn es versucht an alten Ritualen der Zelebration und Organisation des *Xacobeo* festzuhalten. Obwohl

---

[197] Ebd.
[198] http://www.elmundo.es/elmundo/2010/10/07/galicia/1286456620.html
[199] http://www.elmundo.es/elmundo/2010/10/06/galicia/1286389720.html
[200] Ebd.
[201] http://www.elmundo.es/elmundo/2010/10/07/galicia/1286456620.html
[202] Ebd.

die *Xunta* Galicien als rechtmäßigen Veranstaltungsort betrachtet, bleibt ihr aufgrund der Angewiesenheit auf staatliche Unterstützung jedoch ein alleiniger Rechtsanspruch verwehrt. Mit Innovationen an seiner Organisation versucht die Zentralregierung den *Xacobeo* zu einem gesamt spanischen Thema zu manifestieren. Jede Initiative der Regierung in diese Richtung hin wird jedoch von der *Xunta* abgelehnt.

### 4.5 Campaña de sensibilación

Der Einfluss des *Xacobeo* auf die ökonomische Situation Galiciens wird in *El Mundo* widersprüchlich dargestellt: Einerseits wird immer wieder Feijóo zitiert, der angesichts der rund acht Mio. Besucher einen beachtlichen wirtschaftlichen Gewinn für Galicien verzeichnet. Im Zuge des wirtschaftlichen Aufschwungs sei auch das BIP gestiegen und ferner wird betont, dass Galicien im Jahr 2010 deutlich mehr erwirtschaftet habe als Spanien. Durchaus scheint sich Feijóo jedoch bewusst zu sein, dass der *Xacobeo* maßgeblich zu diesem Resultat beitrug.[203] An diesen Erfolg will die *Xunta* auch im Jahr 2011 anknüpfen. So wird Feijóo in einem Artikel zitiert:

„Es el mejor Año Santo de la década y ahora lo que debemos hacer es consolidar al sector turístico en 2011."[204]

Um dies zu gewährleisten soll der amtierenden Erzbischof Santiagos Julián Barrió den Vatikan um eine einjährige Verlängerung des Heiligen Jahres bitten.[205] Auf der anderen Seite zitiert *El Mundo* auch kritische Stimmen, welche den positiven Effekt des *Xacobeo* schlichtweg negieren: Die Vorsitzende für Handel und Tourismus der PSdeG María Quintas etwa kritisiert, dass der *Xacobeo* seitens der *Xunta* stets als Faktor für einen Wirtschaftsaufschwung bezeichnet wird. In Wirklichkeit besäße er jedoch einen „[...] débil efecto real [...]"[206] für die Galicische Wirtschaft. Ihrer Ansicht nach lasse sich im Jahr 2010 weder im Hotelgewerbe noch in der Gastronomie ein Mehrgewinn verzeichnen.

*El Mundo* berichtet ferner von diversen Vermarktungsstrategien seitens der *Xunta* um den Tourismus in Galicien anzukurbeln. Bemühungen einer gezielten touristischen Vermarktung des *Xacobeo* scheinen bereits im vollen Gange zu sein:

„La celebración del Año *Xacobeo* y las playas del Parque Nacional Illas Atlánticas se han

---

[203] http://www.elmundo.es/elmundo/2010/11/17/galicia/1289986656.html
[204] http://www.elmundo.es/elmundo/2010/12/10/galicia/1291993291.html
[205] http://www.elmundo.es/elmundo/2010/09/21/galicia/1285067490.html
[206] http://www.elmundo.es/elmundo/2010/08/17/galicia/1282048971.html

convertido en los grandes reclamos turísticos de Galicia."²⁰⁷

Der Zukunft der touristischen Entwicklung in Spanien steht man offenbar positiv gegenüber, denn „[e]l turismo religioso sigue teniendo mucho peso en la peregrinación a Santiago."²⁰⁸ Aus diesem Grund sei laut dem PSOE-Abgeordneten Félix Larrosa der Jakobsweg selbst ein Potenzial für den Tourismus in Spanien. So erklärt er, „[...] que la ruta Xacobea constituye un modelo para el cambio del turismo en España."²⁰⁹ Die *Xunta* versucht jedoch auch andere Maßnahmen zur Steigerung der Attraktivität Galiciens als Urlaubsort zu ergreifen. So wird beispielsweise in einem Artikel von der „Campaña de sensibilación"²¹⁰ berichtet, welche von der *Xunta* ins Leben gerufen wurde „[...] para mejorar la imágen de Galicia entre los visitantes."²¹¹ Weder geht aus dem Artikel hervor, warum das Bild Galiciens scheinbar negativ geprägt ist noch wie man konkret versuchen will Galicien gegenüber den Touristen positiv darzustellen. Feijóo spricht lediglich von „[...] actidues positivas [...]"²¹² und dem Bemühen „[...] trabajan cerca de los turistas [...]."²¹³ Die Umsetzung des Konzepts überträgt die *Xunta* auf Reisebüros, Hotels und andere Dienstleistungssektoren innerhalb Galiciens. Begründet wird die Maßnahme von Feijóo allein durch die Befürchtung, dass sich eine negative Einstellung auch negativ auf den Tourismus in Galicien auswirke. Der Kultusminister Galiciens Roberto Varela hält hingegen fest, dass Umfragen zu Folge Galicien in puncto Gastfreundschaft sehr gute Resultate erzielt hat.²¹⁴ Es bleibt daher unklar, weshalb die *Xunta* davon ausgeht, Galicien vermittle den Touristen ein negatives Bild bzw. weshalb es notwendig erscheint dieses Bild zu verbessern. Scheinbar besteht die Angst europäische Touristen zu verlieren.

## 4.6 Der Jakobsweg - Un lu*gar de Encuentro*

Viele Artikel der *El Mundo* berichten über das kulturelle Programm rund um den *Xacobeo* 2010. Namentlich erwähnt werden weniger spanische Künstler als vielmehr internationale Musiker und Gruppen, deren Konzerte als „[...] cita internacional [...]"²¹⁵ tituliert werden. Die Vielfältigkeit des Programms zeigt sich nicht nur in den musikalischen Darbietungen sondern auch in diversen Ausstellungen, Vorträgen und Tagungen. Des Weiteren finden sich mehrere Berichte über

---

207 http://www.elmundo.es/elmundo/2010/07/28/galicia/1280343351.html
208 http://www.elmundo.es/elmundo/2010/10/24/galicia/1287911297.html
209 http://www.elmundo.es/elmundo/2010/10/09/galicia/1286624655.html
210 http://www.elmundo.es/elmundo/2010/06/23/galicia/1277315944.html
211 Ebd.
212 Ebd.
213 Ebd.
214 Ebd.
215 http://www.elmundo.es/elmundo/2010/12/01/galicia/1291205233.html

verschiedenste Aktionen, welche anlässlich des *Xacobeo* durchgeführt wurden. Einige der Artikel enthalten neben den allgemeinen Berichten über das kulturelle Programm des *Xacobeo* stellenweise auch Charakterisierungen der Stadt Santiago de Compostela. Im Rahmen des Papstbesuchs etwa beschreibt Feijóo Santiago als „[..] capital espiritual de Europa"[216] und erklärt weiterhin, dass sowohl Compostela als auch Galicien „[...] un lugar de Encuentro"[217] bzw. „[...] un lugar donde se pudo comprobar que sabemos recibir y sabemos ser agradecidos para un visitante tan ilustre, para el peregrino más ilustre"[218] seien. Er glaubt, dass an diesem 6. November 2010 alle Galicier mit Stolz auf ihr Heimatland blicken werden. Santiago gelte überdies als weltweites Erbe des Friedens, des Zusammenlebens und der Begegnung.[219] Im selben Bericht wird der *Camino de Santiago* zur „[...] ruta más internacional"[220] deklariert und seine besondere Bedeutung in Europa superlativisch herausgestellt. Auch der Präsident der autonomen Region La Rioja Pedro Sanz ist der Ansicht, dass der Jakobsweg sowohl in Spanien als auch in Europa einen außerordentlichen Wert besitze. Er macht deutlich, dass der *Camino* ohne den Einsatz vieler freiwilliger Helfer lediglich „[...] algo artificioso y sin vida"[221] sei. Durch die kollektive Mitarbeit jedoch sei er „[...] una realidad natural y plena de vitalidad [...]."[222] Auch die historische Bedeutung des *Camino* für Europa thematisiert *El Mundo*. Aus einem Artikel wird herauskristallisiert, dass eine europaweite Verbreitung des Kultes allein dadurch möglich war, dass die Könige der Iberischen Halbinsel in engem Kontakt zu Europa standen. Gegenwärtig sei der Jakobsweg sowohl ein Ort wiederhergestellten „europeidad" als auch ein Ort des kulturellen Tourismus und durch die Verbindung von Tradition und Kultur so populär wie nie.[223]

## 4.7 Verlust der religiösen Wurzeln in Spanien

Bei *El Mundo* nimmt der Besuch Benedikts XVI. in Santiago im Gegensatz zu *El País* eine zentale Rolle innerhalb der Berichte über den *Xacobeo* 2010 ein. Der Grund für die Wichtigkeit dieses Ereignisses liege laut dem Compostelaner Bischof Julián Barrio darin, dass noch nie ein Papst im Rahmen des *Xacobeo* Galicien besuchte.[224] Insofern fand mit den Worten des *Director de Oficina de Galicia* Victor Cortizo „[...] un acto histórico para Galicia"[225] statt. *El Mundo* verleiht dem Besuch sensationalistische Züge. Des Öfteren wird Papst Benedikt XVI. in diesem

---

[216] http://www.elmundo.es/elmundo/2010/11/06/galicia/1289079427.html
[217] Ebd.
[218] Ebd.
[219] http://www.elmundo.es/elmundo/2010/12/02/galicia/1291317735.html
[220] Ebd.
[221] http://www.elmundo.es/elmundo/2010/09/03/galicia/1283531212.html
[222] Ebd.
[223] http://www.elmundo.es/elmundo/2010/01/14/castillayleon/1263484328.html
[224] http://www.elmundo.es/elmundo/2010/10/26/galicia/1288088458.html
[225] http://www.elmundo.es/elmundo/2010/09/21/galicia/1285067490.html

Zusammenhang in den Berichten als Pilger gleichsam als „peregrino entre os peregrinos"[226] bezeichnet. Die Rede des Papstes wird sowohl auf *Castellano* als auch auf *Gallego* wiedergegeben. Als Hauptpunkte sind auch hier ähnlich der *El País* die Polemik gegen den Laizismus in Spanien und Europa und die Wiederentdeckung der religiösen Wurzeln zu nennen. Insbesondere Letzteres tritt für die weitere Berichterstattung der *El Mundo* als ein wichtiger Aspekt hervor: Bereits im August 2010 wurden in einem Artikel die Pilger-Statistiken kritisch beäugt. Im Heiligen Jahr 2010 hätten weitaus mehr Europäer als Spanier den Weg nach Santiago de Compostela angetreten hätten. Obwohl mehr als die Hälfte der Pilger dabei religiös motiviert wären, nimmt die Zahl dieses Pilgertyps stetig ab. Hinzu treten verstärkt religiös-kulturelle oder rein kulturelle Motivationen.[227] In einem anderen Artikel wird expliziter festgestellt, dass der *Camino* seit Jahren mehr Touristen als Gläubige und mehr Laizisten als Fromme anziehe. Auch bei den Feierlichkeiten des *Xacobeo* seien die Katholiken in der Minderheit vertreten.[228] Dem Aufruf des Papstes zur Rückbesinnung auf die religiösen Wurzeln scheinen sich die Redakteure der *El Mundo* zu folgen, indem sie in weiteren Artikeln ihre Leser vermehrt auf die historische und religiöse Bedeutung des Jakobsweges und des Jacobuskultes hinweisen: So wird Santiago in einem Bericht über die Träume des jungen Ratzingers alle Wallfahrtsorte der Welt einmal zu besuchen als wichtigstes Pilgerzentrum der Christenheit neben Rom und Jerusalem bezeichnet.[229] Über Spanien sagt das Oberhaupt der römisch-katholischen Kirche, dass es im 20. Jahrhundert sich dadurch vor Allem verdient gemacht habe, dass es neue Einrichtungen und Gemeinschaften des christlichen Lebens aufbaute. Des Weiteren lobt er Spanien „[para] camina[r] en concordia y unidad, en libertad y paz, mirando al futuro con esperanza y responsabilidad".[230] Dennoch hät die Artikelüberschrift die Betonung des Papstes fest, dass Spanien sich in einem „[...] batalla entre fe y laicismo"[231] befände und einen stetigen Disput zwischen dem traditionellen Glauben und modernistischen Tendenzen auszutragen hätte. In Bezug auf den Jakobsweg äußert sich Ratzinger folgendermaßen:

„Con el *Camino* España y Europa fueron desarrollando una fisionomía espiritual marcada de modo indeleble por el Evangelio."[232]

Für seinen Aufenthalt in Galicien habe der Papst den Hl. Jacobus sogar als Interzessor

---
[226] http://www.elmundo.es/elmundo/2010/11/07/galicia/1289090041.html
[227] http://www.elmundo.es/elmundo/2010/08/03/galicia/1280825583.html
[228] http://www.elmundo.es/elmundo/2010/07/25/galicia/1280064350.html
[229] http://www.elmundo.es/elmundo/2010/11/06/galicia/1289033734.html
[230] http://www.elmundo.es/elmundo/2010/11/06/galicia/1289040128.html
[231] Ebd.
[232] Ebd.

angerufen.[233] Dies erinnert sehr an die asturischen Könige zur Zeit der Reconquista, welche den Apostel jedoch mit der Bitte um Schlachtenhilfe anriefen. Scheinbar aus Dank umarmt Benedikt XVI. gegen Ende seines Besuchs die Sitzfigur des Jacobus in der Kathedrale Santiago de Compostelas. Ein weiterer Artikel stellt den Besuch des Papstes sogar metaphorisch als die Begegnung zweier Apostel dar: „Pedro peregrina a Compostela para encontrarse con Santiago. Como en un nuevo concilio de Jerusalén."[234] oder auch: „Pedro abraza Santiago"[235]. Damit wird nicht nur der Papst mit dem Apostel Petrus gleichgesetzt sondern dem Hl. Jacobus wird eine ähnlich bedeutende apostolische Rolle wie jene des Petrus zugeschrieben.

Der amtierende Bischof von Santiago de Compostela Julián Barrio erfreut sich nicht nur über die Ehre, welche Galicien mit dem päpstlichen Besuch zuteil wird. Die Präsenz Benedikts XVI. habe fernerhin seiner Ansicht nach zu einer „[...] dimensión hispánica y europeísta de Santiago [...]"[236] geführt. Er begrüße außerdem dessen Auswirkungen auf die galicische Wirtschaft und die Kirchen. Im gleichen Atemzug bittet er staatliche Unternehmen und Institutionen um finanzielle Unterstützung der Galicischen Kirchenverbände.

## 4.8 Zusammenfassung: Das Spanienbid in *El Mundo*

Allein die Quantität der Berichte zeugt davon, dass *El Mundo* dem *Xacobeo* in Spanien eine große Bedeutung beimisst. Die *Xunta* de Galicia zeigt sich der Tradition und den Ritualen des *Xacobeo* sehr verbunden, wobei sie ihre Ansichten gegenüber der spanischen Zentralregierung verteidigen. Die Betonung der weltweiten Aufmerksamkeit, welche Galicien und Santiago de Compostela anlässlich des Papstbesuches genießen, weist darauf hin, dass die *Xunta* Galicien und damit auch Spanien im Hinblick auf Europa in einer besonderen Position sieht. Obwohl der päpstliche Besuch einen ökonomischen Misserfolg mit sich brachte, scheint der damit verbundene politische Erfolg gewichtiger zu sein. Die Popularität Santiagos und Spaniens in Europa überwiegt scheinbar jedem wirtschaftlichen Gewinn. *El Mundo* trägt nicht zuletzt mit einer Vielzahl an Superlativ-Bezeichnungen des Jakobsweges dazu bei die exklusive Stellung Spaniens in Europa zu unterstreichen: Die Redakteure erkennen, dass der Jakobsweg sowohl historisch als auch gegenwärtig eine bedeutende Rolle als vereinigendes Element in Europa spielt, binden jedoch den *Xacobeo* und mit ihm den Jacobuskult exklusiv an Spanien um mit der europäische Bedeutung des Jakobsweges die besondere Stellung Spaniens in Europa herauszukristallisieren. Alle Versuche der *Xunta* über den Jakobsweg und den *Xacobeo*

---

[233] Ebd.
[234] http://www.elmundo.es/elmundo/2010/11/06/galicia/1289037734.html
[235] Ebd.
[236] http://www.elmundo.es/elmundo/2010/10/26/galicia/1288088458.html

nachhaltig den internationalen Tourismus anzukurbeln, dienen letztlich offensichtlich dazu die besondere Stellung Spaniens in Europa auch zukünftig zu festigen. Die Berichterstattung der *El Mundo* arbeitet darauf hin den *Xacobeo* und den Jakobsweg vornehmlich als Elemente darzustellen, welche Spanien vom restlichen Europa unterscheiden. In dieser Differenzierung wird jedoch das Eigene mit artikuliert, d.h. indem Spanien mithilfe des *Xacobeo* gegenüber Europa eine differenzierte Position einnimmt, wird er zum identiätsstiftenden Element der eigenen kollektiven spanischen Identität. Offensiv versucht *El Mundo* an die traditionellen religiösen Werte zu erinnern, mit denen sich der Jakobsweg und der *Xacobeo* verbinden um letztlich das Traditionsbewusstsein und die spanische Identität zu festigen. Angesichts der konservativen politischen Einstellung der Tageszeitung kann die Verteidigung der spanischen Werte nicht überraschen. Im Gegensatz zur *El País* versucht *El Mundo* nicht den *Xacobeo* oder den Jakobsweg als Beiträge zur Stiftung einer kollektiven europäischen Identität darzustellen. Vielmehr sind sie die Elemente, welche nicht nur die eigene Identität konstituieren sondern diese im Europäischen Vergleich zu einer Besonderen machen.

# C. Ergebnisse / Kritik

## 1.0 Die Selbstdarstellung Spaniens über den Jakobsweg im Vergleich

Es hat sich gezeigt, dass man nicht von einem einheitlichen historischen Spanienbild sprechen kann. Die Bedeutung des Jacobuskultes und des Jakobsweges wurde durch alle Epochen[237] der spanischen Geschichte hindurch in jeder neuen politischer Situation von den Regenten Spaniens umgedeutet, um individuelle Ziele zu erreichen. Die Gemeinsamkeit zeigt sich darin, dass der Kult um den Apostel und den Pilgerweg stets auf der Grundlage seiner religiösen Bedeutung für Europa als politisches Mittel gleichsam instrumentalisiert wurde. Es wurde aufgezeigt, wie der Jacobuskult schrittweise immer mehr zu einer politischen und kulturellen Öffnung Spaniens gegenüber Europa führte, welche seit den achtziger Jahren sogar in einer politischen Integration in die Europäische Union (EU) mündete. Im Folgenden sollen diese Entwicklungen noch einmal reflektiert und zusammengefasst werden. Abschließend soll die gegenwärtige Darstellung des *Camino* in den beiden Tageszeitungen *El Mundo* und *El País* mit der aktuellen Situation Spaniens als Mitglied der EU in Beziehung gesetzt werden um den Ergebnissen der Berichtanalyse einen verständlicheren Rahmen zu geben.

## 1.1 Parallelen zwischen den historischen Funktionen des Jacobuskultes und der aktuellen Selbstdarstellung Spaniens

Zu Beginn der Reconquista wurde die Patronatsstellung des Hl. Jacobus lediglich auf das asturische Königreich beschränkt. Es galt mit diesem in der Zeit der muslimischen Besetzung nicht nur eine Identifikationsfigur zu schaffen, um sich gegen die fremde Kultur abzuschotten und die Einheit des Reiches zu wahren. Mit der Besinnung auf die eigene Kultur durch den Apostel war den Königen und der Katholischen Kirche außerdem eine Legitimationsgrundlage für den Krieg gegen die Mauren gegeben. Der Hl. Jacobus trat dabei als Schlachtenhelfer in Erscheinung, indem er von den asturischen Königen vor jedem Kampf angerufen wurde. Die europaweite Verbreitung der religiösen Bedeutung des Apostels und Santiagos als dessen Grabesstätte erfuhr von den Königen eine intensive Förderung mit dem Ziel in Europa Bündnispartner für den Kampf gegen die arabischen Eindringlinge zu gewinnen.

General Franco knüpfte an das Bild des kriegerischen Jacobus der Reconquista an und veränderte es zugunsten seiner Regime-Politik zwischen 1939 und 1975. Die Gegner waren nun

---

[237] Hierbei sind die für die Untersuchung relevanten Epochen der Reconquista, des Franco-Regimes und der Gegenwart (2010) gemeint

nicht mehr die Mauren sondern die Kommunisten, die es zu bekämpfen galt. So wurde aus dem *Jacobus matamoros* der *matacomunistas*. Unter Franco wurde der Apostel abermals zur Identifikationsfigur Spaniens deklariert. Damit erfolgte nicht nur eine Rückbesinnung auf die spanische Tradition, vor allem auf die der Reconquista, sondern mit dem Hl. Jacobus als Landespatron konnte auch die Einheit Spaniens gewahrt bleiben. Damit war es Franco wiederum möglich sowohl am Zentralisierungsgedanken Spaniens festzuhalten als auch den Nationalkatholizismus sowie weitere innenpolitische Maßnahmen zu legitimieren. Ebenso wurde auf diese Weise auch die Außenpolitik Francos gerechtfertigt, welche im Gegensatz zur Reconquista zunächst eine politische Isolation gegenüber Europa verfolgte. Im Späteren nutzte Franco den Jakobsweg für eine allmähliche Öffnung des Regimes gegenüber dem restlichen Europa. Indem er den Jakobsweg als ein Symbol der Europäischen Traditionsgeschichte gestaltete und verbreitete, gelang es ihm, in den Fünfziger Jahren nicht nur den Tourismus und damit die Wirtschaft in Spanien anzukurbeln sondern auch Spanien gegenüber Europa als kulturell aufgeschlossenes Land darzustellen und von den innenpolitischen Zuständen faschistischer Färbung abzulenken. Diese Form der symbolischen Repräsentation des Jakobsweges ist es, welche gegenwärtig die Selbstdarstellung Spaniens in Europa prägt. Über den *Camino de Santiago* soll eine dauerhafte Integration in Europa gelingen.

## 1.2 Der Hl. Jacobus als Patron Spaniens

Es zeigt sich nicht zuletzt anhand der Berichte der *El Mundo* und der *El País*, dass der Jacobuskult nicht exklusiv an Spanien gebunden ist sondern gegenwärtig zunehmend als ein gesamteuropäisches Phänomen dargestellt wird. Der Jacobuskult erfüllt somit, ähnlich wie es im Franco-Regime der Fall war, eine doppelte Funktion: Einerseits dient er als Manifestation der eigenen kollektiven Identität Spaniens. Andererseits wird er als europäisches Symbol dargestellt um sowohl die eigene Wirtschaft als auch die politische Integration in Europa zu fördern. Obwohl seit der Diktatur Francos und seiner Pflege des Nationalbewusstseins gut 40 Jahre vergangen sind und mit dem Regierungsantritt Zapateros seit 2004 eine progressive Europapolitik verfolgt wird, scheinen sich die Spanier nur langsam daran zu gewöhnen einen integrativen Bestandteil Europas darzustellen. Die einstige politische Isolation gegenüber Europa hat offenbar Spuren hinterlassen:

„Spanien erlebte die Modernisierungsschübe der letzten Jahrzehnte zweifelsohne auf besonders intensive Weise, weil knapp vierzig Jahre Franquismus das Land in seiner Entwicklung gebremst haben. Speziell der Umgang mit dem Fremden in all seinen Formen wurde in dieser

Zeit beinahe wie ein Tabu behandelt. Die politische Öffnung nach innen [...] und nach außen [...] konfrontieren das Land heute mehr denn je und intensiver als andere westeuropäische Staaten mit dem Fremden in allen Erscheinungsformen."[238]

Obwohl Freiheits- und Kompetenzgewinn innerhalb Europas das nationale Bewusstsein der Spanier stärken, sind sie in diesem Zusammenhang gezwungen sich mit dem „Anderen" auseinanderzusetzen.[239] Dafür braucht es jedoch zunächst eine gefestigte eigene Identität. Sowohl aus *El Mundo* als auch aus *El País* ist der Zwiespalt hervorgegangen, in welchem Spanien sich mit dem Jakobsweg befindet : Ein Symbol soll zwei verschiedene Idenitäten stiften. Ob der Hl. Jacobus gegenwärtig als Symbol der spanischen Identität taugt, scheint fraglich zu sein. Im Gegensatz zum Franco-Regime ist Spanien gegenwärtig durch einen Dezentralisierungsprozess gekennzeichnet, wobei den autonomen Regionen Spaniens fortwährend mehr Selbst-verwaltungskompetenzen zugesprochen werden. Insofern gestaltet es sich vermutlich schwierig dem Land eine Figur zu geben über die eine Einheit Spaniens konstituiert werden soll, welche realiter zumindest politisch nicht existiert. Vielmehr [...] mangelt es [...] nicht an deutlichen Indizien für einen je nach Standort unterschiedlichen Nationalismus, [...]."[240] Nichts desto Trotz bemüht sich vor Allem *El Mundo* über den Jakobsweg eine spanische Identität zu stiften.

---

[238] Discherl, K./Barro, A.; 1998: 453
[239] Ebd.
[240] Discherl, K./Barro, A.; 1998: 430

## 2.0 Der Jakobsweg als Versuch der Stiftung einer europäischen Identität

Die Analyse der Zeitungsberichte hat gezeigt, dass sowohl der Hl. Jacobus als auch der Jakobsweg mit der Erinnerung an ihre religiöse Bedeutung und ihrem Beitrag in der europäischen Geschichte von Spanien zu einem modernen Symbol für eine kollektive kulturelle europäische Identität ernannt werden. Diese Bedeutung wird auch dem *Xacobeo* verliehen, womit neben dem *Camino* ein weiteres Phänomen des Jacobuskultes in Spanien in Erscheinung tritt. Das einst religiöse Fest wird nun vorrangig von der Galicischen Regierung als internationales kulturelles Spektakel und als Zeichen einer gemeinsamen europäischen Geschichte inszeniert.

Die gegenwärtig übertriebene Darstellung des Jacobuskultes als europäische Marke ist möglicherweise auf den EU-Beitritt Spaniens im Jahr 1986 zurückzuführen. Mit diesem werden für Spanien politisch, ökonomisch und kuturell wichtige Funkionen erfüllt.[241] Zudem ergab sich mit dem EU-Beitritt die Möglichkeit das negativ geprägte Bild Spaniens, welches auch nach Francos Tod noch in Europa vorherrschte, nun endgültig zu revidieren. Insofern scheint Spanien seine Rolle als Bündnispartner sehr ernst zu nehmen, wie die Rede Seiner Königlichen Hoheit Felipe Prinz von Asturien anlässlich der ersten spanisch-deutschen Konferenz am 9. Oktober 1998 zeigt. Bei dem Zusammentreffen wurden u.a. die Zielsetzungen der deutsch-spanischen Beziehungen im Rahmen der EU diskutiert. Felipe sieht es in diesem Zusammenhang auch als die Aufgabe Spaniens an die historische Aufgabe eines geeinten Europas in der Gegenwart und Zukunft zu erfüllen. Wie eng für dieses Unterfangen die eigene Tradition und die europäisch orientierte Politik verbunden sind, zeigt sich in den Worten Felipes, wonach es gilt „[...] beherzt die Tradition mit Innovation zu verbinden. Wir können mit Stolz auf unsere Vergangenheit zurückblicken. Unsere Wurzeln geben uns Kraft und Halt."[242] Spanien übernimmt eine wichtige Rolle innerhalb der EU, was sich nicht zuletzt darin zeigt, dass es neben Deutschland zu den

---

[241] „Zum Einen beschleunigte die Beteiligung an den Institutionen der Gemeinschaft – im ökonomischen Bereich – die Außerkraftsetzung der traditionellen Funktionssprinzipien der spanischen Wirtschaft. Die volle Teilhabe an den Mechanismen der internationalen Arbeitsteilung in Westeuropa öffnete die spanische Wirtschaft einem breiten, dynamischen Konkurrenzmarkt, [...]. Zum Anderen wurde Spanien – im politischen Bereich – in den Prozess multilateraler Zusammenarbeit integriert und erhielt damit Informations- und Mitwirkungsrechte an den Entscheidungen, die die Zukunft Europas und damit der Welt mitbedingen. – Zum dritten schließlich führte die Mitsprache in Europa – im Hinblick auf nationale Identitätsfindung – zu einer stärkeren Solidarisierung mit europäischen Geschicken; Spanien fand damit zu seinem europäischen Schicksal zurück, von dem es zuletzt durch den Franquismus fast ein halbes Jahrhundert lang entfernt gehalten worden war." (Bernecker, W.L.; Spanienhandbuch; 2006: 202)

[242] Seiner Königlichen Hoheit Felipe Prinz von Asturien; 1999 : 12

„[...] Motoren der europäischen Integrationspolitik"²⁴³ zählt. Mit dem Jakobsweg als europäische Kulturstraße besitzt Spanien einen entscheidenden Teil der europäischen Kultur. Die aktuellen EU-politischen Ereignisse zeigen, dass weder ein gemeinsames Zahlungsmittel noch eine gemeinsame Politik zu einem geeinten Europa führen können. Daher scheint man Umwege über die Kultur zu nehmen. Mit seiner historisch-religiösen Bedeutung für den europäischen Kontinent stellt der Jakobsweg offensichtlich das kulturell verbindende Element Europas dar. Auf diesen Aspekt scheint die EU zurückzugreifen um mit der Schaffung einer kollektiven Identität über den Jakobsweg die Einheit Europas zu wahren und ihre selbstgesetzten Ziele²⁴⁴ zu erreichen.

„Das Kulturerbe als Basis für ein Zugehörigkeitsgefühl für Europa erscheint auch deswegen notwendig, weil Europa, [...] vor allem das politische Europa in der Gestalt der EU angesprochen, nur eine Legitimation besitzt, solange es von der in Europa lebenden Bevölkerung unterstützt wird."²⁴⁵

Es scheint zunächst so, als würde dieser Versuch Früchte tragen. In der Online-Ausgabe der *Welt* beschäftigt sich ein Essay mit dem Jakobsweg und seiner Stellung innerhalb Europas. Bereits die ersten einleitenden Sätze verdeutlichen, dass der *Camino* in enger Verbindung mit der Schaffung einer europäischen Identität gesehen werden muss, denn: „[k]ein Weg hat hat die europäische Integration intensiver vorangetrieben als der Jakobsweg. Und Santiago de Compostela erzählt so deutlich wie kaum ein anderer Ort von Europas Identität."²⁴⁶ Positiv auf dieses Unterfangen wirkte sich sicherlich auch die Erklärung des *Camino de Santiago* zum UNESCO-Weltkulturerbe und damit zum „[...] ideelle[n] Besitz der gesamten Menschheit"²⁴⁷. Dennoch tauchen Probleme bei der Konstitution einer kollektiven europäischen Identität über den Jakobsweg auf. Diese resultieren nicht zuletzt aus der Profanierung und Säkularisierung der historisch-religiösen Bedeutung des *Camino*:

„Nicht nur die Ideengeschichte des Individualismus, auch die Realgeschichte der

---

²⁴³ Kühnhardt, L.; Valcárcel, D.; 1999 : 7
²⁴⁴ Zu den Zielen offiziell erklärten Zielen der EU gehören etwa die Schaffung gemeinsamer grundwerte, „[...] auf denen Europäische Gesellschaften aufbauen [...] so etwa das Streben nach Achtung der Menschenwürde, Demokratie, Chancengleichheit sowie freiem Handel, fairem Wettbewerb, Solidarität und Sicherheit." Vgl. Europäische Komission Unter:http://ec.europa.eu/deutschland/understanding/goals/index_de.htm. Damit ist jedoch auch ein einheitliches politisches Streben verbunden, welches letztlich zu einer verstärkten Machtstellung der EU führt.
²⁴⁵ Bartl, R.; 2008: 13
²⁴⁶ Badde, P. Unter: http://www.welt.de/print/die_welt/debatte/article10763431/Die-Wiege- Europas.html
²⁴⁷ Deutsche UNESCO-Komission e.V. Unter: http://www.UNESCO.de/kulturerbe.html

Individualisierung zeigt, dass die europäische Moderne die Individuen freigesetzt hat aus historisch vorgegebenen und zugewiesenen Rollen."[248]

Die gegenwärtigen Gesellschaften in Europa zeichnen sich zunehmend durch Individualisierungs- und Globalisierungsbestrebungen sowie einem Trend zur Selbstsozialisation aus. Die Welt erscheint komplexer denn je und führt zur Orientierungslosigkeit des Individuums. Es braucht eine Art Fixpunkt bzw. Glauben um sich in der heutigen Zeit überhaupt zurecht zu finden, doch muss dieser Glaube nicht notwendigerweise religiöser Natur sein. Die Tendenzen gehen dahin nicht länger an eine Institution wie Kirche oder eine Person wie Jesus Christus zu glauben sondern vielmehr an etwas Individuelles und Unbestimmtes.[249] Wenn sich dieser Trend fortsetzt, muss der Versuch auch weiterhin die europäische Identität auf der Grundlage der historisch-religiösen Bedeutung des Jakobsweges zu stabilisieren in naher Zukunft scheitern. Es soll an dieser Stelle keineswegs unterstellt werden, dass die religiös motivierten Pilger aussterben werden, aber der Trend des profanen, spirituellen Tourismus scheint allmählich die Überhand zu gewinnen. Offenbar hat Spanien diese Gefahr erkannt und inszeniert aus diesem Grund den religiös konnotierten *Camino* und *Xacobeo* als ein säkularisiertes Kulturevent. Da auch die Touristen nicht länger ausschließlich aus religiösen Motiven heraus auf dem *Camino* nach Santiago pilgern, scheint die spanische Regierung und insbesondere die *Xunta* auf den kulturellen Erlebnisfaktor des Jakobsweges zu setzen und baut nicht nur den Weg sondern auch die gesamte Landschaft und Santiago de Compostela zu einem modernen innovativen Touristenresort um. In erster Linie versucht man offenbar damit die eigene Wirtschaft zu stärken. In zweiter Linie kann dies auch als Versuch Spaniens angesehen werden, die europäischen Touristen an die religiöse und historische Bedeutung des *Camino* zurück zubinden um somit die kollektive Identität Europas zu wahren. Obwohl man die Touristen vorrangig durch modern angelegte Veranstaltungen und Resorts ins Land lockt, verweisen vereinzelt erhaltene Refugios und Rituale entlang des *Camino* noch an den religiösen Aspekt des Pilgerns. Doch auch die letzten ursprünglichen Merkmale des Jakobsweges schwinden allmählich, woraus sich ein weiteres Problem ergibt. Mit dem Umbau der Landschaft und der Modernisierung vieler Refugios zerstört Spanien nicht nur allmählich die archaische Kultur des *Camino* sondern damit auch einen ursprünglichen Teil der europäischen Kultur und Geschichte. Insofern wirkt Spanien kontraproduktiv auf die Wahrung einer kollektiven Identität Europas. Es zeigt sich, dass jeder Versuch über den Jakobsweg eine europäische Identität zu schaffen, scheitern muss.

---

[248] Endruweit, G.;2002: 227
[249] Schmale, W.; 2008 : 9

In seinen Überlegungen zur „Geschichte und Zukunft der Europäischen Identität" sieht es W. Schmale als ein generelles Problem an, die Identität Europas auf der Grundlage der Europäischen Einheit schaffen zu wollen, denn:

„Wir leben im Zeitalter der Globalisierung und der Vernetzwerkung von Individuen, Gesellschaften und Staaten, was faktisch Verflüssigungsprozesse meint. Damit sind Momente der Instabilität, weniger langlebige Loyalitäten, Verluste an Kontinuität, Verluste an dauerhafter Einheit."[250]

Insofern gestaltet es sich de facto schwierig überhaupt von einer Europäischen Einheit zu sprechen. Das Problem der Europäischen Einheit bzw. der europäischen Identität ist bereits vielfach diskutiert worden. Da sie jedoch lediglich eine „[...] additive Identität neben anderen Identitäten [...]"[251] darstellt und sich immer wieder neu den gesellschaftlichen Veränderungen anpassen muss, wird sie auch in Zukunft ein Diskussionsgegenstand bleiben.

---

[250] Schmale, W.; 2008: 8
[251] Schmale, W.; 2008: 8

# Abschließende Betrachtung

Eine letzte Frage soll abschließend noch dem Versuch einer Beantwortung unterliegen: Warum stößt die zunehmende Säkularisierung und Kommerzialisierung des Jakobsweges nicht auf Widerstände innerhalb der spanischen Bevölkerung?
Auf der einen Seite ist der Heiligenkult in Spanien noch immer ein weit verbreitetes Phänomen. Auch der Apostel Jacobus wird neben anderen Orts-Patronen und „[...] Heilige[n], die traditionell populär sind" [252] verehrt, weil „[...] sie im Zusammenhang mit nationalen historischen Ereignissen stehen oder in Spanien identitätsstiftend sind."[253] Der Hl. Jacobus und der *Camino* übernehmen auch eine identitätsstiftende Funktion für Spanien selbst insofern sie auf die traditionellen Wurzeln des Landes verweisen. Diesen Aspekt verdeutlichen die Zeitungsberichte der *El Mundo* über spanische Politiker, welche den Apostels öffentlich als Patron anrufen und um Hilfe bei politischen Vorhaben bitten. Nach wie vor wird somit in Spanien Politik und Religion, zumindest repräsentativ, vereint und der Hl. Jacobus erhält die religiöse und politische Bedeutung als Landespatron Spaniens. Auf der anderen Seite verzeichnen aktuelle Statistiken zum Glaubensstand der Spanier rückläufige Zahlen in Bezug auf die Glaubenspraxis. Während innerhalb der Diktatur Francos Staat und Kirche eng miteinander verbunden waren und der Katholizismus zur Staatsreligion deklariert wurde, zeichnet sich Spanien derzeit nicht nur durch das religionsverfassungsrechtliche Modell des Laizismus aus. Mit dem 1978 eingeführten Gesetz der Religionsfreiheit verringerte sich auch der Stellenwert des Katholizismus in Spanien erheblich. Die gegenwärtige Haltung der Spanier gegenüber der Katholischen Kirche gestaltet sich als ambivalent. Die Präsenz des Katholizismus und der Kirche zeigt sich vor allem in der Quantität religiöser Feiertage, in der Zelebration der kirchlichen Heirat und der Erstkommunion. Auf der anderen Seite werden Religion und Kirche auf der Ebene des Sprachgebrauchs polemisiert und verspottet. So existieren zahlreiche Flüche, die neben religiösen Anspielungen auch blasphemische Äußerungen enthalten.[254] Die Kirche als Institution verliert wie auch in anderen europäischen Gesellschaften vor Allem bei den Jugendlichen mehr und mehr an Wichtigkeit als Orientierungspunkt im Leben.[255] Die Katholische Kirche ist sich dieser Gefahr durchaus bewusst. So spricht Papst Benedikt XVI. in Spanien vom Laizismus als europäischer Krankheit, verweist aber im gleichen Atemzug auf die religiöse Bedeutung des Jakobsweges innerhalb Europas. Der *Camino* wirkt beinahe wie ein Versuch der Katholischen Kirche Europa

---

[252] Collado Seidel, C.; 1998: 333
[253] Ebd.
[254] Bernecker, W.L. in Behr, H.; 2006: 228
[255] Bernecker, W.L.; Spanienhandbuch; 2006: 409

und nicht zuletzt Spanien an seine christlichen Wurzeln zurückzubinden. Es scheint ein nicht unerheblicher Faktor zu sein, dass sich mit der kommerziellen Vermarktung des *Camino* sowohl Vorteile für die spanische Bevölkerung als auch für die Kirche ergeben. Die Katholische Kirche ist nach wie vor finanziell abhängig von staatlichen Subventionen. Ein Mehrgewinn in der Wirtschaft Spaniens kommt somit auch den Kirchenverbänden zugute. Galicien zählt nicht nur zu den wirtschaftsschwachen Regionen Spaniens sondern „[...] gehört zur Gruppe der spanischen Autonomen Regionen, welche die meisten öffentlichen Fördermittel erhalten."[256] Zudem ist das Land durch Probleme wie Unterbeschäftigung und Jugendarbeitslosigkeit gekennzeichnet. Obwohl die Forstwirtschaft und der Fischfang eine große Bedeutung für die galicische Wirtschaft besitzen, scheint die *Xunta* aber auch im *Xacobeo* ein Potenzial zur Steigerung des ökonomischen Ertrags zu sehen. Das Heilige Jahr zeigt sich dabei als besonders lukrativ für die Galicien. Mit der gezielten Vermarktung des *Xacobeo* und dem Ausbau des Tourismusgewerbes schafft die *Xunta* nicht nur mehr Arbeitsplätze im Dienstleistungssektor sondern fördert fernerhin die ideelle Bedeutung Galiciens für Spanien und Europa.[257] Ein weiterer Grund lässt sich durchaus in der Feierkultur der Spanier finden. Feste und gemeinsames Feiern gehören in Spanien zum gesellschaftlichen Alltag und erfreuen sich unabhängig eines religiösen Kontextes großer Beliebtheit. Mit dem Besitz des Jakobsweges als identitätsstiftendes Element Europas genießt Spanien zudem einen besonderen Status innerhalb der EU, wodurch sich auch die kollektive Identität und die Selbstwahrnehmung der spanischen Bevölkerung als eine Besondere auszeichnet.[258] Insofern wundert es nicht, dass in Spanien keine größeren Proteste gegen die Kommerzialisierung des Jakobsweges gezeigt werden. Es gestaltet sich eine Ambivalenz zwischen Frömmigkeit und Materialismus, wobei die Säkularisierung einer spanischen Tradition zugunsten ökonomischer und individueller Vorteile in

---

[256] Vàzquez-Barquero, A.; Sáez-Cala, A.; 1997: 164
[257] Ebd.
[258] Identität dient als Orientierungshilfe in der komplexen Welt. Sie ermöglicht es dem Individuum sich in der kategorisierten Welt selbst einen Platz zuzuweisen und sich mit Anderen in Beziehung zu setzen. Dadurch „[...] kann es sich mit den gemeinschaftlichen Trägern einer bestimmten Identität verbunden fühlen." Mit der Zugehörigkeit zu einer Gruppe, die eben jene Identität verkörpert, stellt sich auch ein Wir-Gefühl (kollektive Identiät) ein. Gleichzeitig tritt damit jedoch das gemeinsame Auftreten von Inklusion und Exklusion in das Spannungsfeld der Identität. „Indem sich ein Individuum mit einer Gruppe verbunden fühlt, sich kognitiv und emotional als Teil von ihr begreift und empfindet, positioniert es sich parallel zu allen Nichtmitgliedern der Gruppe [...] und grenzt sich von ihnen ab." Den Spaniern ist es mit dem besonderen Status durch den *Camino* (Inklusion) möglich eine eigene kollektive Identität auszuformen insofern sie sich dadurch vom restlichen Europa unterscheiden (Exklusion). In der Perzeption des Anderen wird immer auch das Eigene mit artikuliert. Vgl. dazu: Pester, E.; 2007: 6

Kauf genommen wird. Spanien präsentiert mit dem Jakobsweg einen Teil der europäischen Identität und schafft sich dadurch seine eigene.

Es gilt letztlich festzuhalten, dass der *Camino* durch alle Epochen der spanischen Geschichte hindurch nie seine ursprüngliche religiöse Bedeutsamkeit in und für Europa abgelegt hat. Alle Instrumentalisierungs- und Kommerzialisierungsversuche Spaniens waren und sind allein auf dieser Grundlage möglich. Die religiöse Bedeutung des Jakobsweges ist der rote Faden innerhalb der Darstellung und Wahrnehmung Spaniens in Europa.

# Literaturverzeichnis

Aguilar, Miguel Àngel; *die Politisierung der Medien.* in: Bernecker, Walther L.,
Discherl, Klaus; *Spanien heute: Politik – Wirtschaft – Kultur*; Vervuert Verl.; Frankfurt a.M.; 2004; S. 409-22

Aigner, Andreas; *Zur Spiritualität des Pilgerns;* in.: Kirste,
Reinhard/Schwarzenau, Paul/Tworuschka, Udo; *Wegmarken zur Transzendenz: Interreligiöse Aspekte des Pilgerns;* Zimmermann Druck & Verlag; Balve; 2004 S. 13-23

Alsina, Fernando Lopez; *Die Entwicklung des Camino de Santiago in Kastillien und León ( 850-1050);* in: Plötz, Robert; *Europäische Wege der Santiago-Pilgerfahrt*; Gunther Narr Verl; Tübingen; 1990; S. 59-69

Bartl, Rita; *Europäische Kulturstraßen als Mittel zur Schaffung einer europäischen Identität;* Masterarbeit; grin Verl.; 2008

Bernecker, Walther L.; *Religion in Spanien: Darstellung und Daten zu Geschichte und Gegenwart;* Gütersloher Verlagshaus; Gütersloh; 1995

Bernecker, Walther, L.; *Spanien-Handbuch: Geschichte und Gegenwart;* Narr Francke Attempto Verl. GmbH; Tübingen; 2006

Bernecker, Walther, L.; *Kirche, Staat und Religion Im Spanien der Neuzeit;* in: Behr, Hartmut/Hildebrandt, Mathias; *Politik und Religion in der Europäischen Union: Zwischen Traditionen und Europäisierung*; VS Verl.; Wiesbaden; 2006; S. 227-54

Bibel; Einheitsübersetzung; Evangelische Haupt-Bibelgesellschaft zu Berlin; 3. Aufl.; 1967

Böck, Richard; *Hast du dir das so gedacht, Jacobus?;* Traveldiary.de Reiseliteraturverl.; Hamburg; 2009

Castellani, Jean-Pierre; *Die Tagespresse im Medienwettbewerb,* in: Bernecker, Walther L./ Discherl, Klaus; *Spanien heute : Politik – Wirtschaft – Kultur*; Vervuert Verl.; Frankfurt a.M.; 2004 S.657-688

Claqué, Bernd/Röckelein, Hedwig; *Das Hochaltarretabel der St. Jacobi-Kirche in Göttingen;* Vandenhoeck & Ruprecht; Göttingen; 2005

Discherl, Klaus/Barreo, Ana; *Spanien und das Fremde.* in Ders (Hg): *Spanien heute: Politik – Wirtschaft – Kultur;* Vervuert Verl.; Frankfurt a.M.; 1998; S. 427 - 457

Domínguez Garcia, Javier; *Memorias del futuro: Ideología y ficción en el símbolo de Santiago Apostól*; Iberoamericana, Madrid; 2008

Egger, Roman/Herdin, Thomas; *Tourismus im Spannungsfeld von Polaritäten*; Wissenschaftliche Schriftenreihe der FHS Forschungsgesellschaft; Bd. 2; LIT Verlag; Münster; 2010

Endruweit, Günter/Trommsdorf, Gisela; *Wörterbuch der Soziologie*; Lucius & Lucius Verl. ges. mbH; Stuttgart; 2002

Fröschl, Petra; *Mediennutzung in Spanien;* LIT Verl.; Münster; 2004

Gatz, Erwin; *Kirche und Katholizismus seit 1945 Bd. 3: Italien und Spanien;* Schöningh; Paderborn 2005

Gimber, Arno; *Kulturwissenschaft Spanien*; Ernst Klett Sprachen GmbH; Stuttgart; 2003

Glück, Cornelia; *ETA und die Medien;* in: glaab, Sonja; *Medien und Terrorismus: Auf den Spuren einer symbiotischen Beziehung*; Berliner Wissenschaftsverl.; Berlin; 2007; S.17-30

Grün, Anselm; *Kurze Geschichte der Wallfahrt Mariastein*; Solothurn; Tschan; 1845

Haab, Barbara; *Weg und Wandlung: Zur Spiritualität heiliger Jakobspilger- und pilgerinnen*; Uni-Verl.; Freiburg; 1998

Häußling, Josef, M.; *Auf dem Weg nach Santiago de Compostela: Der Jakobsweg – Kulturstraße Europas*; LIT Verl.; Münster; 2005

Hepp, Andreas; *Netzwerke der Medien. Medienkulturen und Globalisierung.;* VS Verl. für Soziawissenschaften; Wiesbaden; 2004

Herbers, Klaus; *Politik und Heiligenverehrung auf der Iberischen Halbinsel: Die Entwicklung des >>politischen Jacobus<<*; in: Petersohn, Jürgen; *Politik und Heiligenverehrung im Hochmittelalter*; Jan Thorbecke Verl. GmbH; Sigmaringen; 1994; S. 177-277

Herbers, Klaus; *Der Jakobsweg: Mit einem mittelalterlichen Pilgerführer unterwegs nach Santiago de Compostela*; Gunther Narr Verl.; Tübingen; 1995

Herbers, Klaus; *„Wol auf sant Jacobs straßen!": Pilgerfahrten und Zeugnisse des Jacobuskults in Süddeutschland*; Schwabenverl.; Ostfildern; 2002

Herbers, Klaus; *Jacobus und Karl der Große*; Gunther Narr Verl.; Tübingen; 2003

Herbers, Klaus/Bauer, Dieter R.; *Der Jacobuskult in Ostmitteleuropa: Austausch – Einflüsse – Wirkungen;* Gunter Narr Verl.; Tübingen; 2003

Herzog, Werner; *Spanien.;* C.H. Beck; München; 1998

Hickethier, Knut; *Film- und Fernsehanalyse*; Metzler; Stuttgart; 2007

Hönsch, Ulrike; *Wege des Spanienbildes im Deutschland des 18. Jahrhunderts: Von der Schwarzen Legende zum >>Hesperischen Zaubergarten<<*; Max Niemeyer Verl.; Tübingen; 2000

Jafari, Diana; *Pilgern als eine neue Form des Tourismus: Die Entwicklung des spirituellen Reisens auf dem Jakobsweg*; Bachelorarbeit; GRIN Verl.; 2008

Klein, Tobias; *Der Jakobsweg – Von der Pilgerfahrt zur Europäischen Kulturstraße;* Magisterarbeit; GRIN Verl.; 2009

Kuhn, Hans-Peter; *Mediennutzung und politische Sozialisation;* Leske & Budrich; Opladen; 2000

Kühnhardt, Ludger/Valcárcel, Dario; *Spanien und Deutschland als EU-Partner*; Nomos-Verl. Ges.; Baden-Baden 1999

Lang, Andreas; *Begegnungen zwischen Islam und Christentum : Ein historischer Überlick*; GRIN Verl.; 2005

Niehus, Gerlinde Freia; *Die Außenpolitik Spaniens nach Franco*; in: Bernecker, Walter L.; *Spanien heute: Politik, Wirtschaft, Kultur;* Vervuert Verl; Frankfurt a.M.; 1991

Nohlen, Dieter/Hildenbrand, Andreas; *Spanien: Wirtschaft – Gesellschaft – Politik: Ein Studienbuch*; VS Verl.; Wiesbaden; 2005

Nolte, Christian; *Identität der Wallfahrer; in ders:* Häußling, Josef M.; *Auf dem Weg nach Santiago de Compostela: Der Jakobsweg – Kulturstraße Europas*; Bd. 1; LIT Verlag; Münster; 2005; S. 17-32

Nolte, Hans-Heinrich; *Innere Peripherien in Ost und West;* Historische Mitteilungen- Beihefte Nr. 42; Franz Steiner Verl.; Stuttgart; 2001

Pester, Erik; *Kollektive Identität in Europa: Zwischen kontinentaler Diffusion und politischer Einigung;* Seminararbeit; GRIN Verl. 2007.

Plötz, Robert; *Europäische Wege der Santiago-Pilgerfahrt*; gunther Narr Verl; Tübingen; 1990

Plötz, Robert/Herbers, Klaus; *Der Jacobuskult in „Kunst" und „Literatur": Zeugnisse in Bild, Monument, Schrift und Ton;* Gunter Narr Verl.; Tübingen; 1998

Rader, Olaf B.; *Grab und Herrschaft: politischer Totenkult von Alexander dem Großen bis Lenin;* Beck, München; 2003

Rosenberger, Michael; *Wege, die bewegen : Eine kleine Wallfahrt der Theologie;* Echter Verl. GmbH; Würzburg; 2005

Schmale, Wolfgang; *Geschichte und Zukunft der Europäischen Identität*;
Kohlhammer GmbH; Stuttgart; 2008

Schmugge, Ludwig; *Jerusalem, Rom und Santiago: Fernpilgerziele im
Mittelalter* in: Matheus, Michael; *Pilger und Wallfahrtsstätten in Mittelalter und Neuzeit;*
Steiner Verl.; Stuttgart; 1999; S. 11- 34

Seidel Collado, Carlos; *Kirche und Religiosität in:* Bernecker, Walther L./
Discherl, Klaus; *Spanien heute : Politik – Wirtschaft – Kultur;* Vervuert Verl.; Frankfurt
a.M.; 1998; S. 321 - 352

Seiner Königlichen Hoheit Felipe Prinz von Asturien; *Auf dem Weg unserer
Einheit voranschreiten*; in: Kühnhardt, Ludger; Valcárcel Dario; *Spanien und Deutschland
als EU-Partner;* Nomos-Verl-Ges. Baden-Baden;
1999; S. 12f.

Steinecke, Albrecht, *Kulturtourismus: Marktstrukturen, Fallstudien,
Perspektiven*; Oldenbourg Verl.; München; 2007

Swinarski, Ursula; *Herrschen mit den Heiligen: Kirchenbesuche, Pilgerfahrten
und Heiligenverehrung früh- und hochmittelalterlicher Herrscher (c.a. 500-1200)*; Peter
Lang Ag; Bern; 1991

Vázquez-Barcquero, Antonio/Sáez-Cala, Antonia; *Galicien: Eine
problematische Randregion Europas* in: Nolte, Hans-Heinrich; *Europäische Innere
Peripherien im 20. Jahrhundert*; Franz Steiner Verl.; Stuttgart; 1997; S. 163 - 188

## Zeitungen/Zeitungsartikel

### Deutschsprachige Artikel

Henning, Christoph; *Ja, wo laufen Sie denn hin?* Unter:
http://www.zeit.de/2010/14/Pilgern?page=2 (16.04.11)

Reng, Ronald; *Hat Hape Kerkeling des Jakobsweg ruiniert? Offene Fragen aus
dem Jahr 2007.* Unter: http://sz-magazin.sueddeutsche.de/
texte/anzeigen/4245/ (05.04.11)

Scholz, Gerhard; *Der Schwindel mit dem Jakobsweg.* Unter:
http://www.economyaustria.at/leben/der-schwindel-mit-dem-jakobsweg#
(04.04.11)

Badde, Paul; *Die Wiege Europas.* Unter:
http://www.welt.de/print/die_welt/debatte/article10763431/Die-Wiege-Europas.html
(29.09.10)

*Spanischsprachige Artikel*

*El País*

El País, 7.11. 2010; Nr.12.193, Edición Europa, S. 14-16

http://www.elpais.com/articulo/Galicia/visita/Papa/reunio/apenas/30000/visitantes/Santiago/elpepiautgal/20101109elpgal_3/Tes   (16.12.10)

http://www.elpais.com/articulo/Comunidad/Valenciana/Catolico/espanol/peregrino/elpepiespval/20100807elpval_6/Tes  (16.12.10)

http://www.elpais.com/articulo/Galicia/*Xacobeo*/eleva/expectativas/visitantes/elpepiautgal/20100805elpgal_11/Tes   (17.12.10)

http://www.elpais.com/articulo/Galicia/oficina/peregrino/grande/evitar/colapso/elpepiautgal/20100811elpgal_16/Tes   (17.12.10)

http://www.elpais.com/articulo/Galicia/turismo/cambia/cara/vieja/Compostela/elpepiautgal/20100820elpgal_13/Tes  (16.12.10)

http://www.elpais.com/articulo/Galicia/Viene/Papa/elpepiautgal/20100926elpgal_7/Tes (16.12.10)

http://www.elpais.com/articulo/Galicia/trafico/aereo/cae/Peinador/pese/*Xacobeo*/elpepiautgal/20100710elpgal_4/Tes (17.12.10)

http://www.elpais.com/articulo/Galicia/Peregrinos/vagabundos/elpepiautgal/20100821elpgal_13/Tes   (17.12.10)

http://www.elpais.com/articulo/Galicia/Peregrinos/globales/paz/turismo/debate/Santiago/elpepiautgal/20101014elpgal_14/Tes   (17.12.10)

http://www.elpais.com/articulo/Galicia/Benedicto/XVI/anima/peregrinar/Santiago/elpepiautgal/20100104elpgal_8/Tes  (16.12.10)

http://www.elpais.com/articulo/Galicia/Iglesia/crea/propia/mascota/*Xacobeo*/elpepiautgal/20100608elpgal_10/Tes   (17.12.10)

*El Mundo*

http://www.elmundo.es/elmundo/2010/07/22/galicia/1279823995.html  (20.01.11)

http://www.elmundo.es/elmundo/2010/11/09/galicia/1289329179.html  (20.01.11)

http://www.elmundo.es/elmundo/2010/11/06/galicia/1289079427.html  (20.01.11) http://www.elmundo.es/elmundo/2010/12/13/galicia/1292240209.html (22.01.11)

http://www.elmundo.es/elmundo/2010/10/09/galicia/1286624655.html (22.01.11)

http://www.elmundo.es/elmundo/2010/09/20/galicia/1284998488.tml (28.01.11)

http://www.elmundo.es/elmundo/2010/10/07/galicia/1286456620.html (22.01.11)

http://www.elmundo.es/elmundo/2010/10/06/galicia/1286389720.html (22.01.11)

http://www.elmundo.es/elmundo/2010/11/17/galicia/1289986656.html (22.01.11)

http://www.elmundo.es/elmundo/2010/09/21/galicia/1285067490.html (20.01.11)

http://www.elmundo.es/elmundo/2010/12/10/galicia/1291993291.html (20.01.11)

http://www.elmundo.es/elmundo/2010/08/17/galicia/1282048971.html (22.01.11)

http://www.elmundo.es/elmundo/2010/06/23/galicia/1277315944.html (22.01.11)

http://www.elmundo.es/elmundo/2010/07/28/galicia/1280343351.html (20.01.11)

http://www.elmundo.es/elmundo/2010/10/24/galicia/1287911297.html (22.01.11)

http://www.elmundo.es/elmundo/2010/12/01/galicia/1291205233.html (22.01.11)

http://www.elmundo.es/elmundo/2010/07/25/galicia/1280064350.html (21.01.11)

http://www.elmundo.es/elmundo/2010/11/06/galicia/1289079427.html (28.01.11)

http://www.elmundo.es/elmundo/2010/12/02/galicia/1291317735.html (28.01.11)

http://www.elmundo.es/elmundo/2010/09/03/galicia/1283531212.html (22.01.11)

http://www.elmundo.es/elmundo/2010/01/14/castillayleon/1263484328.html (22.01.11)

http://www.elmundo.es/elmundo/2010/10/26/galicia/1288088458.html (20.01.11)

http://www.elmundo.es/elmundo/2010/09/21/galicia/1285067490.html (22.01.11)

http://www.elmundo.es/elmundo/2010/11/06/galicia/1289040128.html (28.01.11)

http://www.elmundo.es/elmundo/2010/11/06/galicia/1289037734.html (20.01.11)

http://www.elmundo.es/elmundo/2010/10/20/galicia/1287587737.html (20.01.11)

http://www.elmundo.es/elmundo/2010/11/07/galicia/1289090041.html (20.01.11)

*Sonstige Internetquellen*

Institut für Medien- und Kommunikationspolitik; Mediendatenbank; *Grupo PRISA*. Unter: http://www.mediadb.eu/datenbanken/internationale-medienkonzerne/grupo-prisa.html (16.03.11)

Konrad Adenauer Stiftung; *Presseecho: Die Stunde der „Maggie" Merkel. Spanische Tageszeitungen zum Ausgang der Landtagswahl in Nordrhein-Westfalen.* Unter: http://www.kas.de/wf/doc/kas_6729-544-1-30.pdf (24.02.11)

Europäische Kommission; Die EU in Deutschland
Unter: http://ec.europa.eu/deutschland/understanding/goals/index_de.htm (02.04.11)

Deutsche UNESCO-Kommission e.V.; Kulturerbe. Unter: http://www.UNESCO.de/kulturerbe.html (15.03.11)

Vuelta; http://www.vuelta.de/wanderreisen/jakobsweg/wandern-individuell/all.html

Madrider Zeitung; http://www.madriderzeitung.com/00711-xacobeo-jakobsweg-pilgern.html

Zenit; http://www.zenit.org/rssgerman-21133